ルポ　雇用劣化不況

竹信三恵子
Mieko Takenobu

岩波新書
1181

目次

序章

賃下げ依存症ニッポン

国会前で「派遣切り」に抗議する派遣社員たち(2009年1月5日　杉本康弘撮影　写真提供=朝日新聞社)

人件費削減頼み

二〇〇二年以降、日本企業は人件費の削減を強め、その効果に支えられて、経済は「回復」を続けて来た。だが、人は自分の得意なものでつまずく生き物だ。話術が得意な人は舌禍事件につまずき、策謀にすぐれた人は策におぼれてつまずき、そして、人件費減らしで態勢を立て直した日本企業は今、「人件費削減頼みの経営」につまずきつつあるのではないか――。この十年、日本経済の最前線ともいえる働く人たちの現場から取材を続ける中でつのっていったのは、そんな疑問だった。

一九九八年、バブル崩壊後の不良債権が大きな問題となり、山一證券が破綻した。大手企業が相次いで倒れる不安の中で、人件費削減は、企業生き残りのキーワードになった。九九年には、派遣労働の対象業務が原則自由化され、〇四年には製造業派遣も解禁され、低賃金で、解雇もしやすい非正社員を手軽に調達できる道が整えられていった。〇五年には、非正社員は三人に一人に迫り、十五~二十四歳の若者ではほぼ半数、働く女性では半分を超えた。九五年以降の十年で、非正社員は五百九十万人増え、正社員は、四百四十六万人減った(図1)。

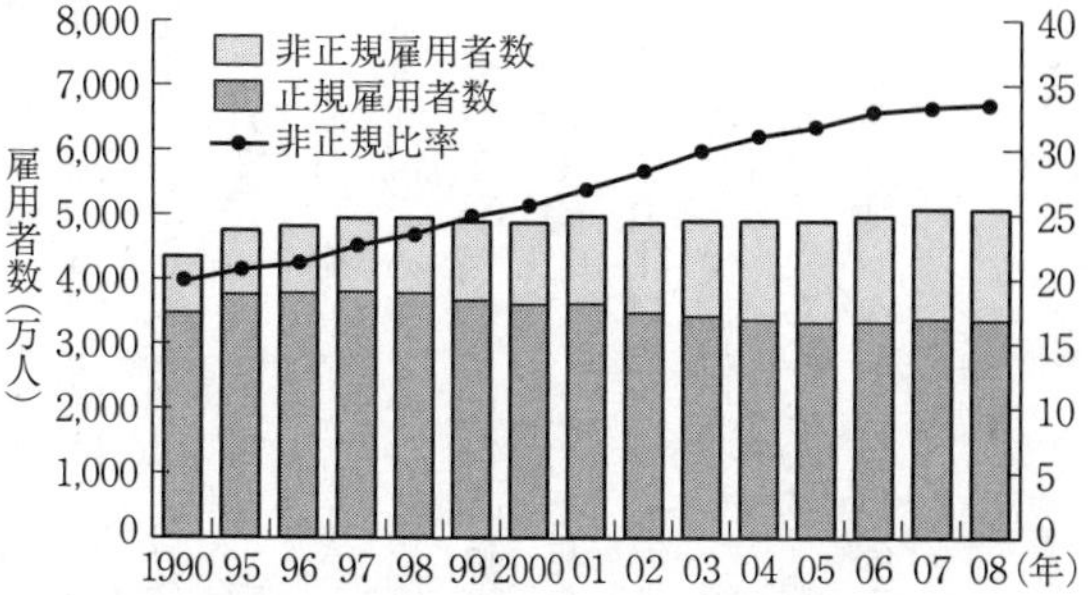

注：2000年までは2月調査，01年以降は1〜3月平均．正規には役員を含まず．
出典：総務省「労働力調査」

図1　正規雇用者と非正規雇用者の推移

二〇〇四年に取材で出会った二十四歳の男性は、不況下の厳しい就職戦線をくぐりぬけ、大学を卒業後、中堅化学メーカーの正社員に新卒採用された。わずか半年の研修で工場のパート社員のまとめ役を担当させられ、右も左もわからない入社一年目の社員に、上司は言った。「正社員は賃金が高いのだから、即戦力として管理業務くらいやってもらわなければ」。年輩のパートたちの人事管理でストレスがつのり、うつ状態になった。工場の製造物のせいもあってか、体中に発疹ができた。たまりかねて退職したが、正社員が絞られる中で再就職の道はみつからず、フリーターとして生活費を稼いだ。

世間には当時、「若者はこらえ性がないからすぐ会社をやめて気楽なフリーターになりたがる」という声が渦巻いていた。だが、そんな声をよそに、仕事のストレスによるうつ病などで精神障害になり、労災の申請をする人は増え続け、二〇〇〇年の二百十二件から〇四年は四百件以上に膨らみ、〇七年には九百件を超えた。九〇年代末に三万人を上回った自殺者数は、以後もその水準が続いた。

一方で、〇二年からは「戦後最長の景気回復」がスタートし、企業は相次いで「不良債権からの脱却」を宣言していた。しかし、企業からも政府からも、これが働き手の我慢のおかげの景気回復であるといった声は、ほとんど聞こえてこなかった。

そのころ、テレビの討論会で、与党の国会議員と経営者、福祉に詳しい研究者が、景気回復について論じているのを見た。国会議員が、「われわれが進めてきた構造改革が功を奏した」と声を張り上げると、経営者は「日本企業の努力の成果だ」と胸を張った。黙って聴いていた研究者が、少し悲しそうな顔で、ぽつりと言った。「景気の回復は、人件費の削減に懸命に耐えた働き手たちのおかげ。働き手は、その貢献にむくいてもらっていない」。

その意見へのまともな答えはないまま、討論は別の話題に移っていった。

消費不況

景気回復が働き手の犠牲の上に築かれたという意識がなければ、「回復」の成果を割り戻そうという政策や経営がとられるはずがない。「回復」で増えた企業の利益のうち、どれだけが働き手に回ったかを示す労働分配率は、その後、下がり続けた。

二〇〇五年度の財務省の法人企業統計調査では、企業収益はバブル期を上回って過去最高を更新した。業績が急速に回復するときは、賃金の伸びがこれに追いつかないため、労働分配率は下がると経営側は反論した。だが、パート、アルバイトを含む従業員給与は三年連続の減少で、「追いつく」どころか、伸びてさえいなかった。〇七年四〜六月期には、全産業の一人当たりの従業員給与は前年同期比〇・二％減で四・四半期ぶりにマイナスになった反面、役員報酬は八・七％増となった。確かに、大手企業では従業員給与は三・二％増えたが、役員給与は二〇・七％も増えていた。

「企業努力による景気回復」といっても、多くの企業は、付加価値の高い製品をつくれる体質に脱皮できたわけではなかった。日本経団連は、「日本は製造業がなお産業の中核で、アジア各国と正面から競争しなければならない。中国の安さを考えると企業は簡単にカネを出せない」（二〇〇八年二月二十六日付『朝日新聞』）と表明している。「人件費を減らす努力」でとりあえずの危機を回避できてしまったことが、高賃金に耐えられる企業体質づくりに目を向けるきっかけを奪ったといっていい。

こうした中で利益を出せる体質を維持するには、働き手の賃金を抑え続けるしかない。「賃下げ依存症」である。となれば、いつまでたっても働き手にはお金は回らない。働き手は消費者でもあるから、「景気回復」してもモノは売れない。国内総生産（GDP）の半分を占める個人消費の足腰は弱く、消費不況の様相を呈していた。一部の高収入の人々による「高額商品需要」が、かろうじて消費を引っ張り上げた。

内需が盛り上がらないから、国内の消費者の購買力に頼っている中小企業は追い込まれる。そのため、多くの中小企業が、安い非正社員や外国人の労働力に頼るしかなく、自らの首を締めかねない人件費押し下げの動きに同調することになった。こうした賃金抑制と円安の力を借りて、輸出力を強めた製造業は一人勝ちの様相となり、米国のITバブルにも引っ張られて、海外需要一辺倒の経済が出来あがった。そこへ〇八年秋の金融危機が到来し、海外需要も壊滅状態となった。

会社と働き手の糸が切れる

人件費減らし頼みの経営がつれてきたのは、外需一辺倒の脆い体質だけではなかった。企業は、高賃金を払える産業を育てるより、賃金を上げないために、労働条件改善を求める社員の声に耳をふさいでいられる仕組みづくりへ向かいつつあるように見えた。

派遣労働の現場では、「蟹工船」「女工哀史」と呼ばれるほどの労働環境の悪化が話題になりつつあった。同じ人間に対するそんな働かせ方に自らを納得させるには、社員の生の声が聞こえない仕組みをつくるしかない。ひとつが、派遣会社が労務管理を引き受けてくれる派遣社員を増やすこと。もうひとつが、「顧客重視」を旗印に社員の声を封じ込めるやり方だった。

「会社は社員の声が聞こえないのではない。聞きたくないのだ」ということを、はっきり感じたのは、〇四年ごろ、首都圏のバス会社で働く運転手の話を聞いたときだった。

運転手の会社では「お客様の満足を高めるため」として制帽の着用を義務づけ、サングラスとマスクは医師による「着用の必要がある」との診断書がなければ認めない方針を打ち出した。理由は、「だらしない格好は顧客の満足を低める」からだった。だが、運転する側からすると、制帽は見通しが悪くなって着用が危険な場合もある。サングラスは日差しがまぶしいときの安全運転には必要だ。マスクも、排気ガスの多い場所では必要なことがある。一線の働き手が蓄積した経験や臨機応変の措置が、「お客様のため」とのうたい文句で封じられかねない、というのである。

「顧客満足度調査」も導入された。パート調査員が抜き打ちで乗って来て運転手の後ろから監視し、マニュアル通りに動かないと記録していく。その回数が会社に報告され、査定に反映されて減給になる。「運転手は現場に応じて優先順位を決める。その過程でマニュアルの一部を省くこともある。機械的な点検で減給されてはお客の安全を確保できない。なぜ、現場を一番知る自社の社員の運転手の言い分を聞かないのか」と、運転手は首をかしげた。

だが、やがて彼は「ああ、これか」と思ったという。会社が賃金の安い契約社員の運転手を増やし始めたからだ。「経験」や「自分の判断」などを打ち出して会社に楯突くベテラン正社員を、マニュアルに従う働き手に切り替え、人件費を抑える。その際の反発を抑えるために、「お客様のニーズ」を使って正社員運転手の発言力をあらかじめ封じたのだ——と。

社員の声が聞こえなくなった職場は、顧客の消費意欲も減退させていった。

知人が、スーパーの店頭で、ある商品を仕入れてほしいと頼んだら、「定番商品ではないので難しい」と断られた。態度はきわめて丁寧なのだが、謝るばかりでらちがあかない。知人は「愛想ばかりよくても、ほしいモノがないのでは意味がない」と怒って帰った。

知り合いのスーパーのパート社員にその話をすると、「その店員はパートでしょう」と笑った。「お客様に接しているのはパート。上に伝えたい情報はいろいろ入って来るが、パートだから、ものを言いにくい。仕入れのことなども教育訓練がないから、わからないことも少なくない」と言う。

多くの売り場にはパートしかいない。顧客の要求に即応するには、教育訓練による知識や決定権、発言権をパートにも与えることが必要なのだが、これを実施すれば、「ものを言う働き手」が生まれかねず、人件費の増加につながる恐れが出てくる。となれば、「とにかく愛想よく」と締めつけることで客の苦情をかわすしかない。

下から上への「ボトムアップ経営」が命といわれた日本の職場で、会社と働き手を結ぶ糸が切れ、情報のパイプは詰まり始めていた。

雇用の劣化が招いた不況

経費削減のかげで、職場は荒れていった。だが、その事実を思い切って指摘するような社員は評価されず、逆に成果主義でチェックされていく事態も出てきた。風通しの悪い職場で、パワーハラスメントやいじめが増える。工場の事故も、食品の偽装も、社内での問題提起がないまま、内部告発でいきなり外へ出る。

顧客が何かを要求しても、非正社員は「権限がない」と逃げ、正社員は成果主義に脅えて及び腰になる。「顧客がほしいもの」「してほしいこと」への感度が鈍った現場で、顧客は「最近は社員の質が落ちた」とため息をつくしかない。

成功しすぎた人件費削減経営の下で、非正社員も正社員も労働条件の改善を訴える手立てを断たれ、働いても食べられないワーキングプアが生まれた。そして〇八年秋の金融危機とともに、企業は、住まいさえない派遣社員を吐き出す「ホームレス製造機」の様相を呈した。それは、安全ネットの整備を置き去りにして進められてきた人件費削減経営のひとつの到達点だった。

二〇〇二年からの「戦後最長の景気回復」の時代は、働き手の側から見れば、賃下げにとどまらず、貧困、過労死、自殺、消費の低迷、さらには職場の言論封じ込めの時代であり、雇用の劣化が招いた不況の時代ではなかったか。それは、多くの企業にとっても「まともな賃金を払える経営」へ脱皮する機会を失い、次にやってきたより深刻な不況をさらなる賃下げで迎え撃つしかない体質を、骨がらみに身につけてしまった時代だったのではないか。

「経済発展のためには仕方ない」。私たちは労働条件が悪化するたびに、こう繰り返してきた。だが、悪い連鎖を断ち切るには、まず働き手と職場、ひいては企業自体が、それによって受けた傷の深さを逃げずに検証することだ。修復の道は、そこからしか始まらない。

第1章
津波の到来

廃業した京品ホテルで，店舗などを自主営業してきた元従業員たちを強制退去させる警察官たち(2009年1月25日　相場郁朗撮影　写真提供＝朝日新聞社)

「派遣切り」の連鎖

二〇〇八年十二月。クリスマスを控えて華やいでいるはずのロンドンは、寒風にすくんでいるように見えた。米国の低所得者向け住宅融資「サブプライムローン」の破綻は、この年九月、米大手証券会社リーマン・ブラザーズの破綻を引き起こし、世界的な金融危機に発展した。そんな中で、欧州の働き手はどうなっているのか。それを知りたくて訪れたこの街では、毎日のように、どこかの企業での大量解雇と、何らかの経済指標の悪化が報じられていた。大手通信会社ブリティッシュ・テレコムが一万人削減を計画。高級車メーカーのアストンマーチンが従業員の三分の一にあたる六百人を解雇。そして、経済紙『フィナンシャル・タイムズ』には、これまで金融危機の影響が少なかったサービス部門での失業が〇九年から増加する見通し、などといった大見出しが躍る――。

一九八〇年代のサッチャー改革以降、英国は雇用の規制緩和と公務の民営化を進めてきた。フルタイムの安定した雇用が減り、パートなどの短期で不安定な雇用が増えた。「シティ」と呼ばれる金融界を中心に、金融を経済の牽引役に据え、製造業では、ルノーやトヨタなどの多国籍企業を誘致して雇用をつくった。こうして十年以上も好景気を続けてきたこの社会を、突然の不況が襲った。金融不安で経済の柱ともいえる金融が大きく揺らぎ、世界不況で誘致した企業は本拠地へと撤退する。失業率は五％台から八％台へ跳ね上がり、来年はもっと悪化するとの予測も出ていた。

バーミンガム大学でビジネススクール学長を務めるデービッド・ベイリー教授は「この秋で英国の論調はがらりと変わった」と言った。「雇用を柔軟化し多国籍企業を誘致すれば、確かに、仕事は早く簡単につくれる。だが、いったん不況になると、解雇も簡単だし企業の撤退も早いため、失業は津波のようにやってくる。これまでの好景気で、短期的に見て経済は成功と自負してきた英国社会が、いまや日本や独仏型の安定雇用のよさに急速に目を向け始めている」。

だが、ホテルに戻ってパソコンを開くと、日本からのメールや日本のサイトには、派遣社員をはじめとする非正社員の大量の契約打ち切りの情報があふれていた。英国に来てわずか一週間の間に、「安定雇用」をうらやまれる日本で、まさに津波のような「派遣切り」が、相次いで表面化し始めていた。

仕事が切れたら住まいも失う

二〇〇八年十一月中旬、大手自動車メーカー「三菱ふそうトラック・バス」(以下、三菱ふそう)の神奈川県内の工場で派遣社員として働いていた新川一男さん(仮名＝三十五。年齢は取材当時、以下同)は、昼休み中に電話で呼び出された。所属していた派遣会社の担当者が、工場内の一室に来るようにと言う。部屋に入ると、担当者は、「十二月二十五日で仕事はおしまいになるから」と言った。契約期間は〇九年三月末まであったはずだ。なぜ急に? 年末にいきなり仕事を打ち切られて生活はどうなる? さまざまな思いが頭をよぎったが、衝撃で言葉にならない。昼休みは、もう終わりかけていた。詳しいことを聞く時間もないまま、新川さんは通告を聞きおいた形で、とりあえず仕事に戻った。

だがその後、派遣会社側は、次々と一方的に要求を持ち込んできた。

仕事が打ち切られたら、四日後の十二月二十九日までに、住み込んでいる寮を出て行ってほしいと言う。新川さんの時給は千三百円だ。月に二十日働いたとしても二十万円をやっと超える程度の賃金しか入らない。ここから税や社会保険料、寮費の二万円を引くと、手元に残るのは十二万~十三万円程度。預金ができるような賃金ではない。いきなり寮を出ろと言われても、新しい住まいに転居するために必要な資金がなかった。

製造業派遣の場合、派遣社員は工場の近くの寮などに寝泊りして働くことが多い。工場は周囲に住宅の少ない不便な場所に置かれることが多いため、通勤に便利な場所に働き手を囲い込んだ方が効率的だ。近くなら、遅刻や欠勤があったとき、派遣会社の担当の社員が見に行き、職場に戻るよう促すこともできる。また、住居つきに魅力を感じて応募してくる働き手もいるため、人集めにも役立つ。しかし、働き手は、住居と工場を往復するだけの生活となり、ますます「必要なときに調達できる便利な道具」となる。

新川さんは福島出身だが、寮にいられないからと郷里に帰るわけにもいかなかった。地方には仕事がなく、帰っても生活できないのは同じだからだ。

新川さんが郷里の高校を卒業したのは、バブル崩壊後の不況に入り始めた九〇年代初めだった。仕事はみつからず、友人を頼って東京へ出た。飲食店の従業員に採用され、顧客の呼び込みのため、終夜、街頭に立ちっぱなしという厳しい仕事も経験した。新しく飲食店を立ち上げるという顧客に誘われ、仙台へ移ったが、消費は低迷が続き、〇四年に店は倒産した。

再び働く場を失った新川さんは、中堅派遣会社の仙台事務所に駆け込んだ。ここから中堅溶接会社の派遣部門に送り込まれ、さらに、そこから三菱ふそうに派遣されることになった。だが、派遣された社員をまた別の会社に派遣することは「二重派遣」として禁止されている。そこで、溶接会社の社員に移籍し、ここから三菱ふそうに派遣されて働き始めた。

郷里に帰ってもいる場所はないとすれば、新しい住まいを自力でさがすしかない。だが、契約を打ち切られて仕事を失えば、その費用もつくれない。こうした派遣社員の失業の深刻さが、これまでほとんど表面化しなかったのは、ひとつの会社で契約を打ち切られれば、派遣会社が他の会社に回して、またその寮に住み込むという回転がなんとかきいていたからだ。大量解雇は欧州も同じだが、安全ネットが会社頼みの日本では公的住宅の支えがほとんどなく、解雇されれば即住まいを失うという異常な事態につながってしまう。

新川さんは、「引越しできるカネがない」と訴えたが、派遣会社からまともな回答はなかった。しかも、消化していない有給休暇を、通常の六割の価格で買い取りたいと言ってきた。契約を会社の都合で途中解除するのになんの保障もなく、住まいもいきなり出てほしいと求められ、有給休暇の買い取り価格まで通常より下げたいという。「三年以上も働いてきたのに、この仕打ちか」と、新川さんは言葉を失った。会社の言いなりになっていたら、生きていけなくなると思った。

テレビの報道で、若者向けの労組「首都圏青年ユニオン」をみつけ、電話した。その支援で、転居先が決まるまで会社の寮に住まわせること、契約満了時までの賃金を払うこと、次の派遣先をさがすことなどを求めて、所属する派遣会社と労使交渉を始めた。

とまらぬ津波

新川さんは、同じように打ち切りを通告された周囲の派遣社員を、一緒に交渉しようと誘った。だが、多くの同僚は渋った。「担当さんに悪い」という同僚もいた。「担当さん」とは、派遣社員の労務管理などを受け持つ派遣会社の正社員だ。派遣労働者は派遣元から企業に派遣されるため、派遣先の働き手同士の横の連携がとりにくい。やめていく人も多い。親しい相談相手や仲間ができにくい労働環境の中で、職場について問題があれば派遣会社の担当社員に相談することになる。担当社員は派遣社員にとって、数少ない相談の窓口だ。だから、「担当さんに悪い」と感じる働き手も出てくる。

だが、労働者派遣法では、「正当な理由のない派遣先の中途解約は無効」とされている。だから、派遣会社が、安易に派遣先の解約申し入れを受けることは問題なはずだ。また、派遣先が派遣会社に中途解約を通告したとしても、派遣社員と派遣会社との雇用契約は期間満了までである。労働契約法では「やむをえない事由」がなければ中途での解約は無効とされている。無効な解雇なら、契約満了までの賃金が全額保障される可能性がある。となれば、打ち切られたのが「正当な理由」かどうか、派遣会社に「やむをえない事由」があったかどうかを確認して保障を求める交渉をすることは、当たり前の行為だ。

さらに、厚生労働省の「派遣先が講ずべき措置に関する指針」は、派遣契約を中途で解除するときは、派遣先は関連会社で就業をあっせんするなど、派遣社員に新しい就業機会の確保を図るよう求めてもいる。〇八年十二月、厚労省は、派遣先に安易な中途解約をしないよう求め、各都道府県の労働局に、派遣先が中途解約したことを理由に派遣会社が派遣社員を解雇した場合の指導を徹底するよう通達も出した。期限付き雇用の非正社員にとって、雇用期限を守ってもらうことは、きわめて重要な命綱だからだ。

こうした情報は、派遣会社の担当社員からは来ない。担当社員の任務は、会社の利益のために会社の指令を伝え、従ってもらうことだからだ。

人質事件では、犯人に依存しないと生活できない人質が、長く一緒にいるうちに犯人の心情と一体化してしまうことがある。「担当さんに悪い」と思ってしまうのは、そんな心理に似ている部分があるのかもしれない、と新川さんは言う。「自分を都合よく働かせるために置かれた人以外に、自分の労働条件を相談する人がいない。そんな構造が、派遣切りを一段と簡単にしている」。

そんな中で、一緒に交渉を始めたのが、同じ会社の飯田正さん（仮名＝三十八）だった。飯田さんは警備会社に勤めていたが、「家族との同居が難しくなることが起きて」自宅から通えなくなり、住居つきの今の仕事に転職した。秋以降の生産調整で、労働時間が次第に減っていったため、時給制の派遣社員は賃金も減っていった。それでも、まさか、契約の途中での打ち切りはないだろうと思っていた。そこへ、〇八年十一月末、契約の中途解除の通告が来た。

労使交渉で、契約満了までの賃金の支払いを求めたとき、派遣会社側は、そんなお金はないと、困った顔をした。派遣先の都合で打ち切られるのだから、支払うべき賃金を派遣先の会社に請求して働き手に払えばいいではないかと言ったが、はかばかしい返事は返って来なかった。三菱ふそうは派遣会社にとっては顧客だ。「カネを出せとは言いだしにくいのだろう。でも、失業に責任がある会社に費用を請求できない今の派遣の仕組みはおかしい」と、飯田さんも言う。

こうした構図の中で、派遣先は、派遣元に「人減らし」を注文すれば、解雇手続きのわずらわしさも労使交渉もなく、人を減らすことができる。派遣元は、派遣先にものを言えないので、働き手に泣き寝入りを求める。次から次へと、弱い側にしわ寄せがいき、人を切る痛みを実感しにくくなる仕組みだ。英国のベイリー教授が言う「雇用を簡単につくれるが、失うのも簡単」な非正社員の仕組みはこうして広がり続け、三人に一人を占めるようになった。そんな中で起きた金融危機が、「解雇の津波」ともいえる急激な従業員の放り出し現象を生んだ。

厚生労働省が〇八年十一月に集計した非正社員の失職状況調査では、〇八年十月から〇九年三月までに、契約期間の更新がない「雇い止め」や契約の中途解除などで仕事を失う見込みの非正社員は約三万人だった。だが、わずか一カ月後の同年十二月末、この数字は八万五千人と二・八倍に膨らみ、〇九年一月には、さらに一・五倍の十二万四千八百人と十万人を超えた。うち、派遣社員は、八万五千七百人と七割近くを占める。期間従業員などの契約社員は二万三千人、請負社員は一万四百人に達し、業種では、製造業が九割を超えた。

派遣や請負社員、期間従業員などの非正社員の労働力に支えられてきた大手メーカーだが、自動車や電気機器の世界的な需要の落ち込みを受け、「非正社員ゼロ」を打ち出す企業が相次いだ。〇八年十二月十七日には、日産自動車が国内の派遣社員二千人と期間従業員五十人の契約を翌年三月末までにすべて打ち切り、非正社員をゼロとする人員削減策を発表した。販売の不振にともない、それまで公表していた派遣社員千五百人削減策に、五百人を上乗せした形だった。派遣社員らが契約解除と同時に住まいを失うことが社会問題化したことから、同社は、契約を解除しても光熱費など実費を払えば一カ月間は社宅にいられるようにするとの措置はとったものの、この時点で、大手自動車メーカー十二社のうち六社で、国内工場の非正規労働者はゼロとなることになった。

二〇〇九年一月下旬、製造業の派遣・請負会社でつくる日本生産技能労務協会と日本製造アウトソーシング協会は、製造業で働く派遣や請負労働者の失業は、〇九年三月末までに四十万人に達するとの見通しを発表した。

トヨタの足元で

非正社員の失業見通し調査を都道府県別にみていくと、突出して数字の大きい県がある。北海道から九州まで、四ケタ以下の数字が並ぶ中で、十二月末で一万人、一月末で二万人を超えた愛知県だ。

二〇〇八年十二月中旬、「愛知県労働組合総連合」(愛労連)の榑松佐一《くれまつさいち》事務局長は、各地の労組との情報交換会議で、声を呑んだ。従業員の解雇や契約打ち切りに踏み切っていない大手企業は、ゼロといってもいいくらいの状態であることがわかってきたからだ。トヨタ系の各社も、相次いで非正社員の契約打ち切りを発表していた。

「十一月はまだそれほどではなかった。十二月に入ると、〝右へならえ〟で申し合わせでもしたかのように、製造業の期間工や派遣労働者の契約解除が始まった。〇九年問題を控え、金融危機に便乗して年内に派遣社員を切っておこうということではないのかと疑った」と樽松さんは振り返る。

製造業派遣が解禁されたのは〇四年。契約期限は一年までで、代わりに、この期間を過ぎたら派遣先の会社は、自社で直接雇用することを申し入れなければならない規定が入った。二年後の〇六年に、それまで一年だった契約期間の上限が三年に延び、〇九年には、〇六年に大量に採用した派遣社員に直接雇用を申し入れる期限が来る。金融危機で自動車や電気機器の海外需要が急速に落ち込んだ時期に、経営の苦しさによるリストラにまぎれて派遣社員も中途解約してしまえば、直接雇用の申し入れ義務も一挙に免れることができると考えたのではないかと樽松さんは推論する。

二〇〇九年一月、東京で開かれた小さな勉強会の席で、大手派遣会社の社員は、「派遣切り」について、「前例のない不況が原因だが、一部には、〇九年問題への対応もある」と述べている。派遣先企業の頭のどこかに、こうした発想があったとしても、不思議はない。

愛労連の相談電話は、仕事を打ち切られた働き手からの訴えでパンク状態に陥り始めた。〇六年に八百九十九件だった相談は、〇八年は十一月までで千六百五件にはねあがった。

それまではサービス残業などの労働条件の問題が多かったため、労働基準監督署に持ち込んで労働基準法違反で指導してもらう道を選ぶことができた。ところが、同年十一月は、相談の三分の二を解雇問題が占め、毎日のように面談に追われた。解雇や契約解除は、相手企業の経営の苦しさがどの程度か、必要のない解雇なのか、やむをえない解雇なのかなど、微妙で難しい判断を迫られる。

解雇の妥当性を判断するため、愛知県内の企業の状況を調べるうち、わかってきたのは、中小企業が置かれた状況の厳しさだった。

金融危機で輸出が落ち込む前から、トヨタ系の中小企業は、ほとんど余裕のない状態に追い込まれていた。トヨタが考案して世界中に知られるようになったカンバン方式とは、ほしいときにほしい部品を注文する形をとることで在庫を持たないようにし、在庫にかかる費用を極限まで切り詰める経費節減策だ。派遣労働は、ほしいときにほしいだけの人手を派遣会社に注文し、必要なくなったら派遣会社に「返品」することができるという意味で、労働界では「人間のカンバン方式」とも呼ばれていた。

こうした経営の下で二〇〇〇年から始まったコスト低減活動「コンストラクション・オブ・コスト・コンペティティブネス(CCC)21」で、トヨタは三年で三割のコストカットに成功し、営業利益は同年の四千百億円から、〇七年には二兆二千七百三億円に膨らむ。聞き取り調査では、下請けの中小企業が在庫などを多めに持つと、すぐさま親会社から「改善指導」が入るという話も出た。利益が上がって社員にボーナスを増やすとコスト削減の改善指導が入り、従業員に還元しようと思うと、こっそり行うしかないと言う企業もあった。

二〇〇八年の原料高で鉄鋼の相場が上がったときも、原油価格が上がったときも、親会社からは「コストカット」の指令が入った、という中小企業もあった。原料高とコストカット指令の板ばさみで、ぎりぎりの状態に陥った中小企業を、金融危機による急激な減産が襲った。

中小企業は、これまで輸出産業の好調で仕事が忙しいにもかかわらず、絞りに絞られて利益は出ない状態だった。「忙しいのに低賃金」では、人は集まらない。人手不足に悩んだ末の頼みは、派遣社員、日系ブラジル人労働者、外国人研修生などだったが、金融危機はこれらの人々を直撃した。名古屋市内に出回っていた非正社員を募集する求人フリーペーパーは、半分の厚さになった。去年まで全ページの六割を占めていた派遣社員の募集ページが姿を消したからだ。

名古屋への大移動

一斉に切られ始めたこれらの働き手の多くは、全国からやってきて、工場近くの寮に住み込んでいた。三菱ふそうの新川さんらと同じく、突然の大量の仕事の打ち切りは、寮からの大量の追い出しも意味していた。

全国の非正社員約千七百万人のうち、雇用保険に入っていない人は約七百万人に及ぶ。こうした働き手が仕事を失えば、失業保険で救済されない大量の働き手が発生することになる。雇用保険に入っていても、ハローワークで失業給付を受けようとすると、「離職票」が必要だ。また自治体が提供する公営住宅などに入居するには「離職・住居喪失証明書」が必要となる。これらは会社に発行してもらわねばならないが、派遣労働者には、携帯のメールで登録した人が多く、派遣会社の所在地や担当者さえ知らない例も多い。そのため、これらの証明書を発行してもらえない人も少なくない。再就職先をさがすにしても、住所が決まらなければさがすこともできない。仕事を失ったとたんにホームレスになるしかない人々が、多数生まれる仕組みが、そこにあった。

二〇〇九年一月五日、路上で年を越した元派遣社員などが、名古屋市役所の仕事始めを待って、市内の中村区役所に殺到し、緊急宿泊施設への入所を求めた。緊急宿泊施設とは、自立支援施設に入りたいと望むホームレスを、一時的に受け入れる施設だ。入りきれない人々が出て、労組やホームレス支援団体などがつくる「名古屋越冬実行委員会」は、抗議した。委員会は年末、こうした事態を心配して市に対応を申し入れていた。これに対し、市は「対応できる」と回答していたからだ。抗議に押される形で、同日、市は「特例」として、あふれた人たち十三人のために、カプセルホテルを借り上げた。

兆候は、すでに前年からあった。工場を抱える周囲の市町村には自立支援施設がなく、名古屋市に「たらい回し」にする事態が起きていたからだ。

二〇〇八年十二月五日付『中日新聞』は、各自治体の窓口が、相談に訪れた人たちに「名古屋に行けばいい」と電車の切符を渡して転送するケースが増えていると報じ、いらだった名古屋市が、県を通じて各自治体に抗議したことを伝えている。名古屋に押し寄せた人たちの中には自動車関連メーカーが集まる愛知県刈谷市や岡崎市、三重県亀山市などから来た人もいた。あちこちの工場で仕事を打ち切られた派遣社員や期間工が、「泊めてもらえるかもしれない名古屋市」を目指して、移動を続けていたのである。

こうした中で〇八年暮れ、名古屋市は、市の無料宿泊施設を開放、約四百人が泊まっていた。支援団体は開放期間の延長を要請したが、これも一月七日で閉鎖された。再度抗議活動が繰り広げられ、名古屋市は七日、急遽、派遣会社の寮を緊急宿泊施設として借り上げ、十三日までの住まいはかろうじて確保された。

一時しのぎの対策の連続に、一月八日付で出された越冬実行委員会と野宿者を支援するネットワーク「笹島連絡会」は連名で、名古屋市長などに緊急抗議・要望書を出した。ここでは、本来なら生活保護を出してアパートに住めるようにすべきところを、これを避けて一時的な宿泊施設で対応しようとしていると批判。「名古屋市は事態の深刻さを認識していなかった」「『各施設での受け入れは可能』というような事実に反すると思える回答をして、私たちの指摘・要求を無視した」と怒りを表明した。

市は、今後は市営住宅への一時入居や市の臨時職員の募集などを活用して対応することを表明し、県や国に、財源措置や他の地区に自立支援施設を設置するよう要望した。「解雇津波」を一身にかぶることになった市のSOSだった。

その後、名古屋市は、支援者らとの面談で、「アパート生活などができると判断した場合は、生活保護費で認められている敷金なども前向きに給付する」と表明し、住まいの確保にも乗り出した。

「政治災害」

大量解雇は、全世界で始まっていた。だが、「先進国」といわれる中で、契約解除ひとつで仕事を打ち切ることのできる働き方をこれだけ増やし、仕事を打ち切られた先には何の安全ネットもない事態を放置していた社会がどれだけあったろうか。異常な事態に、地域の住民たちの間では、自主的な救援活動も始まっていた。

「これは政治災害だ」。〇八年十二月、大手精密機器メーカー「キヤノン」の子会社「大分キヤノン」の解雇問題を視察するため、大分県を訪れた社民党の保坂展人衆議院議員は、つぶやいた。

大分キヤノンは、大分県が地域の雇用をつくろうと誘致した。同県では、大分市内に進出した同じキヤノングループの大分キヤノンマテリアル大分事業所の用地取得と造成費が譲渡予定価格を十八億円上回り、その差額分を県が補助したとして、「おおいた市民オンブズマン」による差額の返還を求める訴訟が〇八年一月に起きている。そんな訴訟からも、県側が多額の費用をかけてでもこれらの工場を誘致しようとした懸命さがうかがわれる。

だが、県が必死で招いた大分キヤノンは、金融危機とともに、派遣・請負会社を通じ、派遣・請負社員ら約千百人の契約を解除した。大量の失業者の発生に、県民からは、災害時の緊急支援のノウハウを生かしたさまざまな支援の動きが起き始めた。

二〇〇八年十二月、JR大分駅の前では、地元の高校生が「失業者に支援を」と叫んで募金を始めた。これまで、災害や中東などの戦争で大量の被災者が生まれるたびに、募金活動で支援してきた生徒たちが、今回も募金集めに繰り出した。「匿名で」と市役所に百万円の寄付が送られてきた。「失業して家を追い出された人のために」と、自宅の開放を申し出た住民もいた。

仕事を失った働き手にとっても、これらの働き手の消費に依存していた地域社会にとっても、それは、突然振ってきた「天災」だった。

企業にとって、派遣社員は、景気が悪くなれば納入をとめればすむ便利な「部品」のひとつだったのかもしれない。彼らが実は人間であるという当たり前のことに、会社は目をつぶり続けているように見えた。人間には、住宅が必要であり、食料も衣類も必要である。政治は、これらを保障する仕組みをほとんど整えないまま、派遣社員を拡大し、これがホームレスの大量発生という「政治災害」につながった。

大分キヤノンの門前で、雇用の継続を求めて要望書を渡そうとする請負や派遣労働者たちの労組に対し、広報担当の社員が「受け取れない」と突っぱねる映像が、テレビの報道を通じて全国に流れた。

大分キヤノンで、派遣・請負社員や期間従業員の労組づくりに取り組んだのは、製造業で働く非正社員のための全国労組「ガテン系連帯」の小谷野毅事務局長らだ。

小谷野さんは、組合員の派遣・請負社員らと、会社の門前まで要望書を持参した。会社側の社員がずらりと門前に並び、「申し入れは派遣・請負会社にしてください」と繰り返す。「派遣・請負社員たちの失業は、キヤノン側が派遣・請負会社に打ち切りを求めたからだ。地元の住民も市も動き出しているのに、こうした社員のおかげで利益を上げてきた会社だけが何もしないのは、おかしい」と詰め寄る小谷野さんらとの押し問答が続いた。

小谷野さんの要望で、保坂氏ら議員たちがキヤノン本社の専務らと会談。派遣・請負社員を救済するための、なんらかの基金を派遣先企業も含めて出資する枠組みを求めた。同社会長の御手洗冨士夫・日本経団連会長は、年頭の記者会見の中でも、「派遣社員のことは派遣会社の問題」とする姿勢を崩さなかった。だが、派遣先の企業側も出資する「基金」の創設についてはふれ、間接的にではあるが責任を負おうとする兆しも見えてきた。

解雇の津波は、経営側にも、「必要なときに必要なだけ調達できる働き手」にすぎなかった非正社員たちの安全ネットにも、なんらかの手を打たねばならないという危機感を生み始めていた。

押し流される権利

だが、解雇の奔流は、非正社員たちがやっとの思いで積み重ねてきた小さな権利の獲得を押し流す働きもしつつあった。

二〇〇八年十一月上旬、トヨタ系自動車部品会社「ジェコー」の契約社員と派遣社員ら三人が、同社を相手取って、さいたま地裁熊谷支部に、雇い止め無効を求める訴訟を起こした。原告のひとり、白石智恵さん(仮名＝二十九)は、派遣社員から契約社員に転換したが、金融危機後の同年十月下旬、いきなり上司から、「次回の契約の更新はしない」と言われた。契約が切れるわずか二日前の通告だった。

白石さんが大手製造業派遣会社から、埼玉県内にあるジェコーの工場に派遣されたのは、〇一年のことだ。高校卒業後に勤めた職場を、セクシャルハラスメントなどでやめざるをえなくなった。だが、バブル崩壊後の不況の真っ最中で、転職先はみつからなかった。生活のため派遣会社に登録し、昼間の勤務の約束で働き始めた。ところが、数日後、「夜勤に変わってほしい」と言い渡された。

工場はそれまでの三交代制を二交代制に切り替えていた。夜勤の時間は大幅に伸びる。女性の正社員たちがこれを拒否したため、派遣社員の白石さんらにその勤務が回ってきたと聞いた。

勤務時間は午後六時二十五分から午前三時二十五分。間に四十五分の休憩が入るだけで、勤務中はトイレに立つこともできない。だが、断れば仕事はなくなる。まだ二十歳を過ぎたばかりで、体にも自信があった。だが、まさか、その後七年近く、毎日夜勤ばかりのシフトが続くとは思わなかった。

シフトを変えてほしいというと、「無理して働かなくていい」と言われる。失業の不安は、これまでの体験から骨身にしみていた。言いなりに、その働き方を続けた。

仕事はエアコンパネルなどの組み立てで、正社員とまったく同じ仕事だった。指示も、ジェコーの社員がする。それでも一日六千五百円と夜勤手当千四百円に残業代だけ。税金などを引くと手元に残るのは月十二、三万円で、ここから寮費二万七千円が天引きされ、水道・光熱費も別に払わなければならない。夜勤ばかりの勤務で、眠りは浅くなり、体の疲れがとれなくなった。生理もとまり、めまいやふらつきが出るようになった。

そんな日が続いて五年目の秋、いつもどおり明け方に工場の門を出たとき、非正社員も入れるという労組がビラをまいているのに出会った。夜勤ばかりの勤務に体調は悪化し、働き方への疑問はつのっていた。ここに相談してみようと思った。受け取ったビラの連絡先に連絡して、労組のスタッフから聞いたさまざまな働き手保護の法律は、白石さんにとっては初耳のものばかりだった。

同じ派遣されるといっても「請負」と「派遣」の二つの種類があること。請負社員は所属会社が仕事を請け負って自社の社員に従事させる仕組みだから、派遣先の指示は受けないこと、派遣社員は派遣先の社員の指示を受けて働くが、三年の年限を超えて働き続けた場合は「恒常的に必要な社員」ということで、派遣先は直接雇用することを申し入れなければならないこと。三年以上、派遣先の指示で働いてきた自分は、直接雇用される権利があると、白石さんは労働基準監督署に駆け込み、その指導で〇七年秋に直接雇用の契約社員になった。「期間工」だ。勤務も昼に変わった。

裁判では、契約社員やパートでも、会社が何度も契約を更新するなどして長く雇い続けられるという期待を抱かせた場合は、正社員と同じ扱いにしなければならないという判例がある。この判例を生かして、次は正社員に、と白石さんとこれを支える労組は意気込んでいた。その矢先、金融危機による不況を理由に、期間満了のわずか二日前の通告で、あっさり仕事は打ち切りとなった。理由は、「病気」「欠勤」だった。

白石さんは、昼の勤務に変わった後も体調は戻らなかった。七年近くも、夜働いて昼に眠る生活を続けてきたため、昼の勤務時間に眠気が襲い、またためまいや吐き気にも襲われた。逆に夜はよく眠れない。医師からは昼夜逆転した働き方が続いたためのうつ病と診断された。会社を休んではいけないと思っても、体がいうことをきかない。会社の働かせ方が原因で病気になり、休まないとやっていけない体になったのに、それを理由に契約を打ち切る。そんなことが許されるのかと思った。

二〇〇九年一月、初公判の報告集会で白石さんは訴えた。「夜勤専門の働き手は正社員にはいなかった。派遣だからと七年間も異常な働かせられ方をし、その結果、体を壊したら、それを理由に真っ先に切られる。業績不振を理由にした大量解雇のどさくさにまぎれて、不当な働かせ方をうやむやにして切り捨てようとしている。私だって、安心して働いて、子どもも生みたい」。

ホテルの自主営業

非正社員をめがけた激しい首切りの嵐は、だが、そこだけにとどまってはいなかった。非正社員を切った企業の人件費削減の手は、正社員にも及びつつあった。

二〇〇八年十二月、ソニーは、世界的な同時不況の中で、全世界の従業員約十六万人のうち正社員八千人を削減し、派遣などの非正規労働者も八千人以上減らすと発表した。ハワード・

ストリンガー最高経営責任者ら代表執行役員は「即時にコストを削減する。攻撃的に、したたかに、不愉快な決定を避けてはいけない」(ストリンガー会長)とし、〇八年度の賞与を全額返環するなどの措置も打ち出した。同社の中鉢良治社長は、「雇用を優先して損失を出すことが私に期待されていることではない」(二〇〇八年十二月十七日付『朝日新聞』)と述べて、働き手に衝撃を与えた。

「終身雇用」が壊れたといっても、日本の大手企業の中には、正社員の雇用は聖域扱いにするところがまだ多い。非正社員の削減も、「正社員を守るため」という大義名分を掲げられると、反対できない働き手は少なくない。非正社員に対する過酷な扱いは、「正社員を守るため」という主張によって正当化されてきた面さえある。だが、中鉢社長の言葉は、「企業の使命は、雇用を守ることより株主のために利益を出すことだ」という昨今の企業の空気を、はっきり言葉に出したものと受け止められた。

金融危機以前から、働き手たちは、企業側のそんな変化を実感しつつあった。企業の一歩外へ出れば、失業保険から生活保護、職業訓練などの安全ネットが薄いのは、正社員も、さして変わらない。日本社会では、企業が福利厚生部分を引き受けてきた。しかし、いまや企業の役割や意識は変化し、働き手たちの不安は増しつつあった。

社会的な安全ネットの整備が進まない一方で、企業の側は、その機能をいち早く放り出そうとしつつある。そうした事態への人々の不安を背景に、全国から注目を集めたのが東京・品川駅前の京品ホテルの争議だ。

二〇〇八年十二月二十四日。クリスマスイブの飾りつけが輝く品川駅前で、同ホテルの屋上には支援の労組の大きな旗がいくつも翻った。京品ホテル争議の支援集会が、冷たい風の中で開かれていた。「解雇されても悔しくても、何も言えない人は多い。ホテルの人たちが立ち上がったことに、日本中の解雇された人たちが励まされている」。解雇者たちからの相談を多数受けてきた他の支援労組の関係者が発言すると、一斉に拍手が上がった。

発端は、〇八年五月、ホテルを経営する京品実業が、ホテルの廃業と全従業員の解雇を通告したことだった。百三十一人の従業員のうち、正社員三十九人と自主退職者を除くパート三十人が解雇された。同社は、金融危機で〇八年秋に破綻した米大手証券会社リーマン・ブラザーズの投資会社に数十億円の負債を抱えていた。ホテルを売却し、売却益で負債を返済しようとするその計画に、元従業員らは反発した。ホテルは利益を上げているにもかかわらず、従業員に突然廃業を通告し、説明も保障も不十分なままホテルを売って利益を上げようとするのは納得できない、との趣旨だった。元従業員らは労組の支援で、雇用継続を求めて、ホテルや付属の飲食店を自主的に営業し始めた。

東京都心の駅の真ん前の建物に、争議の旗が翻り、報道陣が押し寄せたことから、この試みは各地に伝わった。手紙や電話が相次ぎ、全国から数百万円のカンパや五万人分の署名が寄せられた。「石川県から東京に用事で出て来たついでに、激励しようと立ち寄った」という客もいた。

京品実業は、東京地裁に立ち退きの仮処分を申請。同地裁は、「廃業した以上、従業員に事業の再開を求める権限はない」などとして、〇九年一月十五日、元従業員たちにホテルの明け渡しを命じた。応じない従業員たちに対して一月二十五日、東京地裁の執行官たちが強制執行に踏み切った。

ホテルには、前日や未明から、元従業員や支援の労組関係者ら二百人以上が泊まりこむなどして集まった。「家族の生活を守れ」「強制執行反対」といったシュプレヒコールを上げて、スクラムを組んで立ち入りを阻もうとする支援者を、執行官や警察官がごぼう抜きにし、三十分ほどもみあった末に、執行官はスクラムを突破して建物に入った。ホテルの玄関にはベニヤ板が打ち付けられて即日封鎖され、九十日に及ぶ自主営業は終わった。

「足元がふわふわする」

「雇用より会社の利益」がいまや経営の主流になった。人々の支援を集めた京品ホテル争議は、その後の正社員解雇の前哨戦にすぎなかった。

京品ホテルでの強制執行の約二カ月前、〇八年十一月末に日本ＩＢＭは一万六千人の従業員のうち千人の早期退職を募集。マンション開発の大手「大京」は、四千百八十人の一割を超す四百五十人の希望退職を募集した。

二〇〇九年一月、こうした動きはさらに広がった。三洋電機が最大五百人の希望退職を募集し、車載機器メーカーのクラリオンは国内外で正社員を含む三千人を削減、沖電気は管理職を対象に三百人の早期退職を実施、三井金属は、グループの国内外の従業員四千人のうち正社員九百六十人を削減する計画で、うち五百五十人は国内で削減すると発表した。

二〇〇八年十一月、日本ＩＢＭの子会社に勤める渡辺弘子さん(仮名＝四十五)は、いきなり上司に面談に呼び出された。「打ち合わせか」と軽い気持ちで面談の部屋に入ると、上司は、早期退職に応じれば割り増し退職金を出す、と切り出した。寝耳に水だった。四十代でしかも女性だ。この不況時に転職先はみつからないだろうと思った。断って部屋の外へ出たとき、踏みしめた足元の床がふわふわするようで、うまく歩けない自分に気づいた。解雇を提案された衝撃が、足に来ていた。

数日後、断ったはずの渡辺さんのもとへ、上司からメールが届いた。今度は、「評価が悪いから退職した方がいい」という内容で、人事担当役員への同報メールで送られてきた。役員も承知しているというプレッシャーをかけているんだと思った。

直前までの評価は中程度で特に悪いわけではなかった。しかも、その上司は最近異動してきたばかりで、わずかな期間しか渡辺さんの仕事振りを見ていない。なぜ「評価が悪い」と言えるのか疑問だった。それでも、どこか自分に落ち度があったのかと落ち込んだ。

同社の研究開発部門を担当している青山啓二さん(仮名＝五十二)も、「評価の悪さ」を理由に退職を求められた。これまで、自分が部署を引っ張ってきたと自負していただけに驚いた。子どもたちはまだ学校に通っている。教育費をどうするのか、住宅のローンをどうするのか。目の前が暗くなるような思いだった。

だが、労組に駆け込んだ渡辺さんも青山さんも、多くの同僚が、「評価」を理由に早期退職を迫られていることを知った。「自分が悪かったせいではなく、だれでもいいから、とにかく減らしたかったんだ」と渡辺さんは思った。半分ほっとしながらも、怒りがこみ上げてきた。

「リーマンショックの後、最初は金融、次が不動産、今は外資系のあらゆる業種から相談が相次いでいる。どれも、百人、二百人、三百人といった規模でまず希望退職者を募集し、その後、募集に応じてはどうかと退職を勧める。勧められた側は寝耳に水で、驚いてこちらへ電話をかけてくる」。〇九年二月、「東京管理職ユニオン」の千葉茂さんは言った。同ユニオンの安倍誠副委員長も言う。「派遣などの非正社員を大量に切ることに慣れた企業は、正社員の解雇にもためらいを感じなくなった」

引き金は、前例のないほどの規模といわれる不況かもしれない。だが、安全ネットが企業頼みの日本社会では、仕事を失ったら正社員であろうと非正社員であろうと、生活の基盤を根こそぎ失いかねない。にもかかわらず、大量の解雇は、あっさりと粛々と進められていく。その背景には、何年にもわたって、あらゆる分野で静かに、着々と進められてきた雇用の劣化と、これに対する働き手の対抗手段の掘り崩しがある。

山の中から湧き出した小さな支流が、たくさんの谷を下って大河に合流し大雨を機に氾濫するように、雇用の質の低下の進展と、本来なら、それを支えるはずの福祉の大幅な削減が、「解雇」を「災害」に変えた。これからたどるのは、そんな雇用劣化の支流の現場であり、源流である。

第2章
労災が見えない

岩淵弘樹さんが，派遣社員としての自らの体験をもとに制作したドキュメンタリー映画「遭難フリーター」の一場面（©2007.W-TV OFFICE）

二十四歳のホームレス

愛知県内の工場で働いていた二十代の派遣社員が契約更新を拒否されて失業し、ホームレスになった――そんな情報が労働運動関係者から入ったのは、二〇〇七年の冬だった。若者の労働が低賃金で不安定になっていることは、すでに広く知られ始めていた。だが、「派遣切り」が起きる前だった当時、「二十代でホームレス」は、「驚くべき事態」だった。二十代なら仕事はあるのではないか。仕事がなくなったらホームレスとは、どういうことなのか。疑問が次々わいてきて、本人の酒井徹さん(二十四)に連絡をとった。

二〇〇八年一月、名古屋駅で会った酒井さんは、パリッとした綿のシャツに綿パン姿の、普通の学生さんという感じだった。失業と同時に住まいを失ったというので、疲れて顔色の悪い人ではないかと思い込んでいたが、大きな声で元気に話し活力にあふれている。声が大きいのは騒音の激しい工場でうっかり耳栓を外していたため、片方の耳に聴力障害が起きたからと後でわかった。その体験談から、製造業の職場の異様とも感じられる状況が浮かんできた。

酒井さんは、郷里の大阪市内の高校から近畿の大学へ進んだが、家族と意見が対立し、自力で稼ごうと大学を中退、仕事をさがした。求人誌でトヨタ自動車の期間工の仕事をみつけ、〇六年秋から愛知県内の工場で働き始めた。

働き始めて二カ月で腸閉塞を起こし、工場内で倒れた。職場の車で病院に運ばれ、一週間入院した。退院したら「次の契約は更新できない」と言われた。病気になるような働き手はいらないということかと思ったが、仕方なかった。最初の失業だった。

製造業向けの大手派遣会社の募集広告を見て、同じトヨタ系のトヨタ車体で、派遣工として働き始めた。契約期間は、三日間の研修をへて、その後は半年ごとだった。更新のときの手続きは簡単で、普通は更新日に用紙を渡され「これに書き込んでおいて」と言われる。その程度の自動的な更新に近いものだった。ところが〇七年九月、酒井さんがトヨタ自動車の社長に手紙を書いてから、事情は一転した。

抗議の手紙で解雇？

当時、トヨタグループでは、偽装請負、外国人研修生・実習生の不当な扱い、「労組つぶし」との批判を浴びたフィリピン現地法人での労使紛争など、さまざまな問題が起きていた。労働問題に関心のあった酒井さんは、愛知県内へ移ると同時に、個人で入れる「名古屋ふれあいユニオン」に加入していた。ここの友人たちと話し合ううち、トヨタ自動車の社長に抗議の手紙を書こう、ということになった。

九月十四日に手紙を投函すると、四日後に、派遣会社からいきなり、「十月でやめてほしい」と言われた。理由を聞くと、「派遣先から百八十人減らしてほしいと要請され、十月に契約期限の来る君にやめてもらうことにした」という。だが、求人誌を見て驚いた。同じ派遣先での派遣社員募集の広告が掲載され、「ニュースタッフ百名大募集！　安定性と将来性も抜群！十月中に入社された方には十万円プレゼント！」の文字が躍っていたからだ。

「新しく募集をかけながら、こちらの契約を打ち切るとはどういうことか」と聞くと、「手違いで出した広告だ」と言われた。「それでは、実際に新しい人は入れていないのか」と言うと、「募集を見てやって来た人に申しわけないので入れている」と答えが返ってきた。

派遣会社と交渉して、酒井さんは「次の仕事を紹介する」との約束を取りつけた。それがみつかるまでの一カ月間、契約社員の扱いで寮にいてもいいとの言質もとった。だが、一カ月後、「仕事がみつからなかった」として、寮を出るように言われた。飛び出した大阪の実家には、戻れない。入院でお金をつかい、その後、派遣工で数カ月働いただけでは家を借りる蓄えもない。後の「派遣切り」と同じ状況に酒井さんは突き当たっていた。ユニオンに相談し、とりあえず、ホームレスのための一時保護所に入所。ここで正月を越し、不当労働行為として愛知県労働委員会のあっせんに持ち込んだ。

結果は、派遣会社が解決金を出し、「円満解決」となった。酒井さんと会った一カ月後の〇八年二月には、この解決金と一時保護所のあっせんで、低家賃の民間アパートに入居できた。期間工のときは体を壊したら失業、派遣工になったら一カ月足らずの猶予で仕事の打ち切りを通告された。住み込みを前提とした製造業の派遣社員は、仕事の打ち切りと同時に住まいも失う。そんな体験を、一年の間に続けて味わった。

「ユニオンという相談場所があったから公的な安全ネットを利用する知恵がわいたが、そうでなければ路頭に迷って餓死していたかもしれない」と、元気な酒井さんの顔が一瞬かげった。「でも、そんなのは序の口です」と酒井さんは言葉を継いだ。「ぼくは病気になったとき病院まで運んでもらった。でも、工場で倒れたら、隠されてしまうことも多いんですから」。

酒井さんが期間工だったとき、工場の上司が期間工たちを集めて「けがはいけない。遅刻や欠勤よりもっといけない」と訓示した。いいことを言うなあ、と感心していた酒井さんの耳に、「だから、けがをしたら、やめてもらうことになるから」という言葉が飛び込んできた。けがをさせないための対策を話してくれるのではなく「やめてもらう」で事故はなくなるのか。そもそも危険の多い工場で、「絶対にけがしない」ことなどあるのか。もしけがをしたらどうするのか。その答えは、ユニオンのメンバーの体験を聞いてわかったと思った。

「熱中症で倒れた派遣社員を、派遣会社の社員がこっそり箱に詰めて隠して敷地外に運び出したというんです。とにかく、工場内では起きなかったことにする。そのために、派遣会社は知恵を絞らされる」。工場内の労災は、工場の管理職にとっては大きな責任問題だ。なかったことにするために、派遣会社が活躍すれば、その会社は重宝がられる。酒井さんへの契約更新の打ち切り通告と同様に、派遣会社は、派遣先に不都合なことを自社の責任で処理してくれる便利な存在になっているというのだ。

雇い主と、働く場が違う

ここであらためて、期間工や派遣工の仕組みを説明しておこう。病気になっただけで仕事を失ったり、あいまいな理由で派遣契約を打ち切られたりしがちな理由は、これらの構造を知ると、よく見えてくるからだ。

期間工は、一カ月、三カ月、半年といった短い期間の契約を繰り返して働く非正規の工員だ。働く場のルールを決めている労働基準法では、病気休暇の権利が認められていて、病気になったからあっさり解雇などということは、そう簡単には許されない。病気でクビになるとしたら安心して休めなくなり、休めないからと働き続ければ、病気を悪化させて再び働くことができなくなるおそれがある。人権上、問題があるのはもちろんだが、そんなことを続けていれば、長い目で見て社会全体の労働力の確保にも支障が出てくる。

また、短期契約を繰り返して働く期間工の場合、会社は、契約期間が終わった後で契約を更新しなければ、働き手との関係を簡単に終わらせることができる。「解雇」ではなく、契約の更新をしなかっただけだからだ。これは期限のない契約を結んでいる正社員の「解雇」とは区別し、「雇い止め」と呼ばれる。

これも先にふれたが、短期契約でも、何度も契約を更新して働き、将来も働けるという期待を働き手に持たせていたと認められれば、正社員と同じ権利があるという裁判所の判断もある。だが、酒井さんの場合は期間工の契約を一回しか更新していなかったので、その対象にはなりにくい。

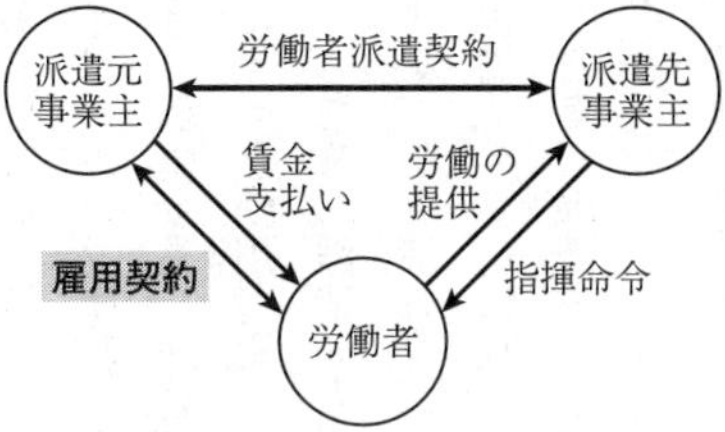

図２　派遣労働の仕組み

派遣工は、さらに複雑だ（図2）。同じく短期で契約が打ち切られるとしても、期間工の場合、雇い主は正社員と同じく、働く先のトヨタ車体だ。ところが派遣工は、トヨタ車体で働いていても、登録した派遣会社、つまり「派遣元」の社員だ。トヨタ車体は派遣会社に派遣料金を払って人手を調達する「派遣先」にすぎない。だから、雇い主が果たすべき使用者責任の多くは「派遣元」が負うことになる。

もちろん派遣先も、労働災害の防止などの安全衛生やセクシャルハラスメントの防止などについては、責任を課せられている。だが、派遣元にとって派遣先は顧客だ。仕事をとるため、派遣先の意向に従ったり、意向を先取りしたりすることも少なくない。それが「サービス」だと考え、派遣先の無理を優先して、派遣労働者の保護や権利を抑えこもうとする派遣元も出てくる。

「けがは絶対にするな」と派遣先が言えば、自社の派遣社員の事故を明らかにして原因を究明し、再発防止に努めるという正攻法の措置をとるより、なかったことにするため社員を黙らせる方が早いと考える派遣会社も出てくる。

派遣先の社長への抗議という個人の言論の自由に属することが、契約打ち切りの遠因になったり、労災隠しを派遣会社が率先して行ったりすることが起こりうる構造がそこにある。

箱詰め事件

一九八六年に施行された労働者派遣法では、専門職に限る形で派遣労働が解禁された。だが、経済界の強い要望で、九九年に対象業務は原則自由化された。危険業務が多いことから例外とされていた製造業現場への派遣も〇四年、規制改革会議に押される形で解禁になり、「派遣工」が大手企業の工場に大量に導入されるようになった。だが引き換えに、ひとつの歯止めが設けられた。すなわち、人が安心して働いていくには、働く先の社員として働く場所の条件向上を直接交渉できる仕組みが必要だ。生産の繁閑にあわせて、必要なときだけ臨時に派遣社員を導入するのは認めるとしても、一定期間以上働けば、その職場に恒常的に必要な働き手として、派遣先は派遣社員に直接雇用を申し出なければならないことが盛り込まれた。

だが、この歯止めを回避しようと、製造業に以前からあった「請負工」の名目で、派遣社員を導入する企業が相次ぎ始めた。請負とは本来、企業が親会社などから仕事をもらってきて自社で製造する手法だ。「請負工」はその請負企業の社員として働きに来ているだけだから、派遣先が仕事の指揮命令を行うことはできない。だが、「派遣」ではないので、何年働こうと工場側が働き手に直接雇用を申し出る必要もない。これを利用して、実際は派遣先が指揮命令を行っているのに、「請負工」だとして規制逃れをする。これが「偽装請負」である。

「派遣」なのか「請負」なのか、派遣先も派遣元も、働いている本人さえもはっきりしないないまま、会社が直接雇用を申し出る義務を負わない働き手が工場にあふれ始めた。

酒井さんの言う「社員箱詰め事件」を直接見聞きした槻本力也《つきもとりきや》さん(四十)は、そうした状況の真っただ中で働いてきた。

「箱詰め? そういうこともあったけど、でも、あれはそれほど深刻じゃない方ですよ」と槻本さんは淡々と言った。箱詰め事件の舞台となった愛知県のトヨタ系特殊鋼大手「愛知製鋼」には、同社の工場に人手を供給する子会社があり、その下に、人手を集めるための零細な有限会社があった。その下には、さらに十社を超す零細な「協力会社」があり、実際の人集めを引き受ける。槻本さんは、これら孫請けのさらに下請けの社員として十三年間、働いてきた。

箱詰め事件は、〇四年に起きた。製鉄工場は暑い。熱気の中で、五十代の同僚が倒れた。熱中症だった。会社からは、「事故は隠せ。けが人が出たら、愛知製鋼には報告せず、ウチの事務所に直接運び込め」と指示を受けている。槻本さんの同僚の社員は、「隠さなければ」の一心で、部品が入れてあった手近の段ボールの大きな空箱に、倒れた同僚を入れた。箱を台車にのせて工場の敷地外へ運び出し、自分の車で事務所へ。そこから病院へ搬送した。工場の「無事故記録」は、その後も続いた。

けがを軍手で隠して放置

榧本さんが、箱詰め事件を「深刻な方ではない」と言うのは、事務所経由ではあったものの病院に運ぶことができ、本人も回復したからだ。榧本さんが所属する会社とは別の協力会社の工員の場合は、病院に行くのも我慢させられたという。〇五年冬、この工員は、深夜の勤務中に右手中指を機械にはさんだ。愛知製鋼の現場作業長と、協力会社の社員が駆けつけた。作業長は、「二カ月前に社員がけがしたばかりなのに、困ったなあ」と言い、「かすり傷だから、黙っていてくれ」と、けがが見えないよう大きな軍手を渡し、出血を続けている手にはめさせた。血は止まらず、夜勤が終わる間際の明け方、痛みに耐えかねた工員はついに一人で病院に行った。「自分の管理下で労災が続発すれば評価に響く。自社の社員の労災は隠すわけにいかないが、請負や派遣社員なら、請負会社や派遣会社のリスクで隠してもらえる」と榧本さんは説明する。

医師に事情を聞かれ、この工員がいきさつを話すと、「労災保険の適用を受けてほしい」と言われた。工場からは「黙っていてほしい」と言われ、けがをした工員は労災申請を自粛した。その日の診療費は全額、自己負担し、その後の通院費用も保険の適用なしで自己負担したという。事故を明らかにできないという思いから、翌日も痛みを我慢して工場へ出かけた。けがは、指の表と裏合わせて五針縫うもので、今も指は変形したままだという。

このいきさつは、〇七年一月、工員と同じ会社の社員が、愛知製鋼に工場の人事管理の改善を求めて提出した「報告と相談」と題する文書に詳述されている。同社からは「調査する」と回答があったが、調査結果は今も来ていない。

二〇〇七年、名古屋ふれあいユニオンには、派遣・請負労働者からのこうした労災隠しの相談が相次いだ。愛知製鋼に労使交渉を申し入れたが、請負や派遣の社員は同社の社員ではないことを理由に「団体交渉の法的義務はない」との一通の文書が返ってきただけだった。九五年、最高裁では、実質的に労働条件を支配する派遣先は、派遣労働者の所属する労組と団体交渉する義務があるという判決が出ているが、団体交渉にこぎつけるには、「実質的に労働条件を支配する」ことが立証されなければならない。同ユニオンは〇七年八月、愛知県労働委員会に、団体交渉の権利などを求めて救済申し立てを行った。

取材に対し愛知製鋼は、「労働委員会で争われている最中なのでコメントは控えたい」と話す。だが、同社が〇八年七月に、同委員会に提出した弁明の準備書面では、次のように反論している。

「指を挟んだことは事実であるが、(作業長は「報告と相談」に)記載のような発言をした事実など全くなく、(被害者の)受傷状態は、直ちに病院で治療を受けなければならないようなものではなかった。その後、被申し立て人(愛知製鋼)に対し、治療の経過が報告されたことはなかった」

事故も自己責任

榧本さんは、「労災を隠すことも下請けとしての務めと思い込んでいた」と、過去を振り返る。それでも、かつては労災保険の代わりに下請けの社長が「黙り賃」として「つかみガネ」を出し、非公式とはいえ、保障することも少なくなかったという。ところが、ここ数年は、そんな「なあなあ」の関係による支えも消え、下請け社員が自力で医療費を負担し、泣き寝入りすることが相次ぐようになった。

工場内では、若い正社員の工員が、フォークリフトをバックさせる際、協力会社の請負工のフォークリフトに衝突する事故も起きた。請負工は腰を強打した。このときは派遣先の救急車で病院に運ばれたが完治は難しいと言われ、歩けるまで数日休まねばならなかった。だが、その間は傷病休暇とはされず、自主的な欠勤扱いにされて賃金は出なかった。労災を認定するよう求めたが、派遣元の協力会社は返事を引き伸ばして結局適用されず、治療費は自己負担となった。再び作業に出たが腰は悪化して働けなくなり、静養中に社宅の立ち退きを迫られ、やがて、数万円をもらっただけで退社した。

これについても、先の弁明の準備書面で、愛知製鋼側は「調査の結果、衝突事故は確かにあったが、当社の救急車で搬送されたのではなく、本人が翌日病院に行った」と主張。また、請負工は無免許でフォークリフトを運転させられていたが、それについては、本人が免許証を偽造したとして、会社には責任がないとの立場だ。

作業中のけがに湿布をはっていた請負工に、愛知製鋼の管理職がやってきて、湿布をはがすように命じたこともあったという。「本社のエライ人の視察があるので、けがを見せられないから」と請負工は言われた。そんな体験が重なるにつれ、椴本さんは「請負工や派遣工が、あまりにかわいそうだ、黙っていては何をされるかわからない」と思うようになった。椴本さんは〇七年三月、名古屋ふれあいユニオンに加入した。

「ボクがはねました」

請負会社の管理職の中には、自分が事故の罪をかぶった例もある。

福田正治さん(仮名＝二十八)は、自身も請負工などとして働き、その後、協力会社で経理や請負工らの労務管理も担当するようになった。〇五年ごろ、愛知製鋼の工場の敷地内で自社の工員が、正社員の運転するフォークリフトにはねられたと聞き、現場に駆けつけた。工員は足をねんざして倒れていた。

「効率化」のかけ声の中で、工場の人員は切り詰められている。工場内には、炉で焼いた鉄製品から不純物を除く機械が並ぶ。数分ごとにふたがあき、請負工や派遣工らが製品を取り出して数メートル離れた荷台に運ぶ。一人で何台も担当するため、走っての移動になる。はずみで機械にぶつかったり、すべってころんだりは日常茶飯事だ。

そんな中で、周囲で動き回るフォークリフトと工員が衝突する事故も起きる。働き手がスムーズに動けるように機械が配置されていない。そのため、人間が機械に合わせて動かざるをえないので、非効率な動きを強いられることになる。自身も請負工として働いてきた体験からすれば、事故が起きないように機械の配置変えを求めるべきだとは思う。だが、派遣先の職場には「そんなことにカネはかけられない」といった空気があり、派遣元の人間にはとても言い出せなかった。

労災隠しも、派遣先が「隠せ」と明言することは少ない。ただ、派遣先の管理職は、労災が起きれば膨大な量の後始末の書類を書かねばならず、メンツがつぶれ、出世にも響く、と暗黙のうちに感じさせられてきた。労災を出した下請けには、注文は来なくなる。すべて、「あうんの呼吸の中の顧客サービス」だった。

福田さんは派遣元のマニュアル通り救急車は呼ばず、構内にとめてあった自分の私有車に倒れた工員を乗せて、まず勤め先の協力会社の事務所へ運んだ。そこから病院へ連れて行った。医師から事故の状況を聞かれたが、本当のことを言うと労災がばれると思った。「ボクがバックしていて、不注意で、はねました」という言葉が口からすべり出ていた。もし警察に責任を問われたらどうするつもりだったのか、と聞くと、彼は言った。「夢中で何も考えなかった」。

これらの「営業努力」が実ってか、七、八人程度の規模だった勤め先は急成長し、〇六年ごろには二百六十人の規模に膨らんだ。だが、〇七年春、福田さんと同僚の管理職二人は、いきなり解雇を言い渡され、半年後の九月、会社そのものが取引停止を通告されて倒産した。

解雇理由はわからない。その二カ月前、別の協力会社の社員が、先に述べた「報告と相談」を提出して、愛知製鋼に工場の人事管理の改善を求めている。工場の偽装請負が社会的な問題になり、ユニオンの影響力も徐々に業界の中に浸透し始めていた。労災隠しなどを正面切って問うべきではないかとの気運が強まる中で、愛知製鋼や勤め先は内部告発への警戒を強め、業界の問題点の告発に、福田さんも加担したと疑ったのではないかと思った。

福田さんは、「報告と相談」の提出や、内部告発などの動きには関与していなかった。だが、解雇となれば対抗措置をとらざるを得ない。解雇撤回の訴訟を名古屋地裁に起こした。地裁では職場復帰の命令を勝ち取ったが、愛知製鋼の工場に行くと、雇い主ではないはずの同社管理職が立ち入りを拒否した。

働く場所の管理者と雇い主とは別という派遣・請負の問題点が、ここでも壁になった。管理者が立ち入りを制限すれば、いくら職場復帰を勝ち取っても、職場には入れない。

他の仕事をさがして歩いたが、同業他社では次々と採用を断られた。

二〇〇八年八月、名古屋市郊外の駅から、さらにタクシーで十分ばかりのところにある小さなラーメン店で、忙しく立ち働く福田さんに会った。違う業界で出直そうと、今は見習い店長としてラーメンづくりの修行中だという。「もう、あの話はちょっと勘弁してください」と苦笑いしながら福田さんは、ラーメンを出してくれた。そのつゆは、よくダシがきいて、やさしい味がした。

母は「前近代」、父は「規制緩和」

愛知製鋼の広報担当に、箱詰め事件などの労災隠しについて聞いた。回答は、「調査したがそれらの事故は確認できなかった」。安全対策については、「派遣工員については当社が、請負工員については請負会社が事故を把握し、各社による安全会議で事故防止へ連携を図っている」と言った。

労災隠しは請負や派遣会社の「自発的サービス」で行われていることが多いのだから、「確認できなかった」のは、ある意味で当然かもしれない。安全会議について、派遣・請負工のまとめ役だったユニオンのメンバーたちに聞いてみたが「聞いたことがない。少なくとも直接安全の問題にかかわっている現場の責任者には初耳だ」と首をかしげた。

派遣や請負といった働かせ方は、使いようによっては、工場の管理者に都合の悪いことが起きてもなかったことにできる「打出の小槌」になりうる。派遣や請負の働き手が、職場の問題点に声を上げれば、そんな「うるさい」働き手を簡単に「返品」「交換」するための道具にもなりうる。だが、そのために、最前線の現場の働き手の声や、安全な工場づくりに必要な労災情報など、「不都合ではあるが重要な情報」が、意思決定者に上がりにくくなるマイナス面を生みかねない。会社にとってのマイナスが、管理者にとっての都合のよさとなりかねない仕組みなのだ。

仮に、こうした管理者への「気配り」を「顧客サービス」と考えるとして、それならなぜ請負会社は、サービスの犠牲となった社員らに保証をしないのか。「ピンハネに継ぐピンハネで、直接社員を提供する末端の協力会社には、それだけの金銭的な余裕がなくなっている」と孫々請会社の社員の一人は言う。

トップに位置する愛知製鋼は、子会社を通じて必要な人手を発注する。その下の孫請会社は、傘下の零細な孫々請会社の「協力会社」にその注文を伝えて人を集める。協力会社の社員たちの証言を総合すると、工場を稼動させている一番上の親会社が一人当たり一万九千円から二万円程度の日当を払い、子会社がそこから七％の手数料を取り、その下の孫会社がさらに五〜七％を取り、三次下請けである協力会社がさらに五〜七％取るなどし、最終的に実際の働き手に残るのは一万から一万三千円程度。週五日、フルに働いても、この日当では年に二百〜三百万円程度で、その取り分から孫々請けの派遣・請負会社が社会保険料や雇用保険料を払ったり、「労災の黙り賃」を出したりするには限界があるという。

間に入った会社が、次々と手数料を引いていく多重構造が、実際の働き手の取り分を減らし、直接、働き手を抱える末端企業は、労災のときの備えさえ用意できない。このような仕組みは、実は、〇四年の製造業派遣の解禁以前から「請負業界」では行われていたものだと、業界歴が長い槻本さんは言う。製造業派遣が解禁されたからこのような働き方が新しく始まったわけではなく、「手配師」が「人夫」を集めて送り込むという前近代的なやり方が生き残っているだけ、というのだ。

製造業派遣の解禁は、派遣労働に法律的な根拠を与えることで、そうした「前近代的」な製造業請負の世界に一定のタガをはめることを目指した面もあった。この改定の際、法定期間をすぎて働く派遣労働者に対する直接雇用の申し入れ義務を課す規制を盛り込んだことが、「偽装請負」批判につながり、こうした批判の続出が、ユニオンによる派遣労働批判を支え、「偽装請負」に対する労働局の指導も相次ぐようになった。そんな揺さぶりの中で、愛知製鋼の孫請けにあたる請負会社が取引停止を受けた結果、孫々会社は直接親会社と取引できるようになった。「おかげで取り分が大幅に増え、この世界に入って初めて社会保険に入り、税金も払ったという請負工もいる」と槻本さんは言う。

だが同時に、そのようにしてはめられた「タガ」は、あまりにも部分的なものだった。ユニオンのメンバーでない請負工は、こうした労働条件の改善の恩恵からはずされていた。「偽装請負」についての労働局からの指導に対し、会社が改善を渋っても、有効な対抗策はとられなかった。

二〇〇二年に製造業派遣の解禁の是非を話し合った厚生労働省の労働政策審議会では、労働側委員が、「均等待遇」の導入がないままの解禁は低賃金化、不安定化を促すと批判した。「均等待遇」とは、同じ価値の仕事をしていれば派遣や請負の社員でも正社員と同じ賃金や待遇を受けられる原則で、欧州の派遣労働は、自由化と引き替えに、この仕組みを整備した。「同じ価値の仕事に同じ賃金」(同一価値労働同一賃金)の原則がしっかりしていれば、派遣会社はその上に自らの運営に必要なマージンを乗せるしかない。そうなれば、正社員よりコストは高くなるはずだから、派遣先企業も正社員を減らしてむやみに派遣社員の導入に走ることはしにくくなる。その結果、不安定な非正社員の増加に歯止めがかかるとの発想だ。

これに対し、使用者側委員は「まず走ってみて、問題があれば直せばいい」と主張して押し切り、均等待遇などの安全ネットを十分整えないまま解禁はスタートした。公益側委員の一人は「規制改革会議による解禁の方針が最初から決まっていたようなもので、経営側の主張に抵抗するのは無理だった」と打ち明ける。製造業の前近代的な多重構造をただすことが狙いだったはずの製造業派遣の解禁は、その実現に必要な手だてをほとんど欠いたままスタートした。

一方、九〇年代末以降のグローバル化による競争激化と不況の深刻化の中で、「前近代の過酷さ」を補っていた前近代型の安全ネットもはがれ落ちた。労災を表面化させない代わりに、請負会社が温情的に出していた「口止め料」や「つかみガネ」といったかげの保障が、姿を消していったからだ。

近代的な透明性や公正さも、前近代的な保障に代わる新しい支えも整わないまま、請負という働き方は「製造業派遣」という新しい名を獲得し、表通りへと足を踏み出した。日本の製造業派遣とは、前近代的な「手配師による人夫出し」を母とし、「労働の規制緩和」という近代的な制度改革を父とし、「グローバル競争に勝つ」という呪文によって、現代に呼び出された異形のものだったのかもしれない。

赤チン災害

「けが人が出ているのに、無事故記録は続いているんです」。都内の日野自動車で派遣工として働いていた池田一慶さん(二十七)にそんな話を聞いたのは、〇六年夏だった。製造業で働く非正規労働者の労組「ガテン系連帯」をつくりたいと池田さんらから連絡があり、取材のため東京・下北沢の喫茶店に出向いたときのことだ。

池田さんは、やや上向いたとはいえ、まだバブル崩壊後の就職難が尾を引いていた〇五年に、都内の大学を卒業した。希望していた教員の試験に落ち、求人誌でみつけた工場での派遣労働に応募し、派遣会社の寮に入居して働き始めた。

工場ではトラック用のギアのラインに配属された。直径八〇センチほどの重い円盤を、持ち上げ、刻みを入れる機械にとりつけていく。この作業の繰り返しの中で、持ち上げるときに腰を痛める人もいる。派遣工は教育訓練も不十分なうえ、池田さんのように求人誌の募集でやってくるずぶの素人も多い。このため、とりつけの際に、機械と円盤の間に指をはさんでしまう人もいる。はさまれて指をけがしたり、場合によっては指を失ったりすることもある。うっかり足の上に円盤を落とせば、重みで足の指がつぶれる。こうしてけがをする派遣工が出ても、工場内の「無事故連続〇日」の表示は日々延びていった。

労働者派遣法では、安全衛生は派遣先に責任が負わされる。だが、職場では、かなりのけがでも、赤チンをつけておけば治る程度の労災、つまり「赤チン災害」と呼び、事故記録に加えないことが少なくない。死亡事故か、それに匹敵するほどのけがなら表沙汰になるが、多くは記録に残らず、医療費も派遣工の自己負担にされた。

派遣工か正社員の工員かにかかわりなく、小さな事故でも明るみに出して、工場の機械の配置変更や工員の注意喚起などの防止策を立てれば、死亡事故などの重大な事故にはいたらずにすむはず、と池田さんは思った。だが、こうした意見を工場側に直接、具申することは難しかった。派遣工の労務管理は派遣会社が責任を持つことになっており、工場側は「別の会社の人」という意識しか持っていないように見えた。

派遣会社も、派遣工の権利や労働条件には目が向かず、効率よく工場に送り込んで働かせることの方に熱心だった。〇六年五月、池田さんは食あたりで仕事に出られなくなり、寮で寝こんだ。一日目は派遣会社の担当社員が来て、「どんな具合か」と聞いた。二日目には「いつ出られるか」と聞き、三日目には「代わりを用意するのでやめては」と言ってきた。仕事を失いたくない一心で、這うようにして工場へ出かけ、仕事の打ち切りは避けることができた。働き手に保障されていると思っていた病気休暇は、派遣工には事実上ないのだと池田さんは知った。顧客の工場へのサービスに腐心する派遣会社の担当者に、工場運営の問題点を訴えても、工場側に伝えることはできないだろうと思った。

七〇年代、フリーライターの鎌田慧さんが、トヨタ自動車の工場で期間工として働いた体験をもとに『自動車絶望工場』(徳間書店、のちに講談社文庫)と題するルポを発表、これらの活動の中で、期間工の正社員化や待遇改善の動きは進んだ。たとえば、それまで休業期間の保障もなく、正月や盆には賃金がないので不安な思いをしていた期間工への休業補償手当を導入する会社も増えた。だが、製造業派遣が解禁され、近代化されたはずの自動車工場は、「派遣工」という「よその会社」の社員を大量に導入し、より立場の弱い新しい層を生みつつあった。

二〇〇六年十月、ガテン系連帯の発足集会で基調講演した鎌田さんは、「期間工という底辺の下に、さらに下の階層ができたと知って衝撃を受けた」と語った。「派遣会社」というクッションによって、本来は事故防止を目的に設けられたはずの「無事故記録」の表示は形骸化し、安全な工場づくりに不可欠な事故情報が工場側に還流しない仕組みができつつあった。

モノづくり現場の不安

労災ばかりではない。職場についての危険信号を発することができない「よその会社」の派遣工の大量の導入は、モノづくりの現場に、さまざまな〝ギクシャク〟を生んでいた。

大手食品会社の子会社の都内工場で、箱詰め作業をする派遣作業員、石田淳三さん(仮名＝三十三)は、朝礼で「ミスは絶対するな」と言われるたびに、「それは無理だ」と思う。

郷里の北海道で高校を出たが、仕事はほとんどなかった。「就職氷河期世代」である。求人誌で製造業の派遣の仕事をみつけ、派遣会社の指示で愛知、長野など、いくつもの工場を回った。コンビニや百貨店の弁当向けの総菜をつくっている今の工場は勤めて三年目だ。工場にいる約百人のうち正社員は一割程度。夜は一人か二人しかいない。正社員の指示を仰ぎたくてもそばにいないことも多い。そんなとき、ベテラン派遣作業員の指示で派遣作業員たちは動くことになる。しかし、言われた部分だけを担当すればいいと言われている派遣作業員は、全体の工程がわからないため、思いこみで指示を出しがちだ。

コンビニ向けの箱が足りなくなり、派遣作業員たちが百貨店向けの箱で代用したことがあった。ただマニュアルどおり箱に入れろとだけ指示され、なぜ指定の箱を使わねばならないのかがわからなかったことが原因だった。その結果、間違った総菜が百貨店へ行ってしまった。正社員の管理職は「取引先の苦情ひとつにつき、うちは十万円の罰金だ」と文句を言った。石田さんは「だったら、派遣社員にも的確に判断できる教育訓練とそれなりの待遇を与えるべきだ」と思った。

派遣は、熱心にやっても評価に関係なく、何年やっても同じことの繰り返しだ。石田さんは郷里に妻子がいて、仕送りのため働き続けてきたが、嫌気がさしてやめていく派遣作業員は多く、入れ替わりは激しい。経験がないため、箱の違いを覚えられずに、間違えた箱を持ってきてしまう派遣作業員もいる。ベテランの石田さんはいらだつが、同時に、「なぜ自分がそんなことに気をつかわなければならないのか」と思うこともある。「いくらでも代わりのきく働き手]として、名前さえ覚えてもらっていない。新参の派遣作業員に教えたり、リーダー的な役割を務めたりしても、賃金に反映することはない。目いっぱい働いても収入は月十万円程度。何年働いても時給は変わらない。そんな土壌の中で、間違った配送が繰り返される。

都内の半導体工場で働く今村崇さん(仮名＝三十四)も、派遣社員軽視に不安を感じる一人だ。正社員が半導体製造機械の数値を設定し、必要なガスの容量などを決める。派遣社員は計器の数値を監視する。三カ月もたつと、この数値の動きや機械の音から設定の誤りがわかるようになった。正社員にそのつど報告もする。

だが、会社が派遣社員に求めるのは単調な監視作業のみ。嫌気がさして、ほとんどが一カ月以内にやめる。「不良品や事故を防ぐにはそれなりの熟練が必要なのに、派遣には評価も引き留め策もない。工場の事故報道が目立つが、こんな労務管理では無理もないと思えてくる」と今村さんは言う。

二〇〇七年に開かれた製造業派遣の働き手の集会では、大手食品会社の工場で働いているという出席者の一人が立ち上がって発言した。「現場は派遣ばかり。どうせすぐ仕事を打ち切られると思うから、みんな、作業後の後片付けも掃除も投げやりだ。衛生面ではこわいものがある。有名企業だが、自分はこの会社の製品は絶対買わない」。

部品は危険を知らせない

宮城県の岩淵弘樹さん(二十五)は〇六年、大手精密機械メーカーの関東地方の工場などで派遣社員として働いた。その体験をビデオで撮影し、「遭難フリーター」という映画にまとめ、〇七年、山形国際ドキュメンタリー映画祭に出品した。

岩淵さんの仕事は、プリンターのふたのはんだ付けだった。工員の四分の三は派遣や請負工。工場の控え室には「協力会社の方のゴミはお持ち帰りください」と張り紙がしてあった。同じ工場で働いているのに、「よその社員」だからとゴミ箱も使えないと知った。

本社の幹部が工場視察に来ると聞いたことがある。だが、幹部は工場の「メインストリーム」ともいえる正社員たちの作業場を通り過ぎただけで、派遣社員たちには、顔も見えなかった。

働き始めたころは、自分からは動こうとしない派遣社員にいらだつこともあった。やがて、「指示に従え」という派遣会社のマニュアル通りにやっているだけだとわかった。そんな現場が活気付いたことがある。町のふとん店の経営者だという三、四十代の男性がやってきた。売れ行きが落ち、収入を補うために働きに来たという。法律では、工場に派遣社員の管理責任者の名前を掲示しなければならないなどの規定があるが、それらはほとんど守られていなかった。男性は、派遣会社の担当者に不備を次々と指摘し、直させた。だが、やがてその姿は見えなくなり「指示に従うだけ」の世界が戻った。男性は、労災事故にあってやめていったと聞いた。「派遣は部品。部品は危険情報や改善策を上げたりしない」と岩淵さんは言う。

労災急増のかげで

厚生労働省の調査では、〇七年の労災による派遣労働者の死傷者数は、全体の十三万一千四百七十八人のうち五千八百八十五人にのぼり、製造業派遣が解禁された〇四年の約九倍に急増した。業種別では、製造業が二千七百三人と、運輸交通の三百十六人、商業の三百八人を大きく引き離している。製造業での被災者の経験年数は、一カ月以上三カ月未満が二八・七％、一年以上三年未満が二一・五％など、短期で変えられていく派遣の働き方の歪みが浮かび上がる。

これら表面化した労災のかげに、派遣会社に責任を転嫁することで隠されたいくつもの労災がある。「死亡事故などの大きな事故にまでならない限り、隠されてしまうので、対策が後手に回る」という派遣社員たちの発言も、工場の意思決定層には容易に届かない。

日本社会は、人件費削減でバブル崩壊後の不況を乗り切った、としばしば言われる。「不況による雇用劣化」である。人材コンサルタント会社「ソフィア」代表、清水幸雄さん(三十七)は、当時、人材会社リクルートの社員として、さまざまな職場の人材外注化の現場に立ち会った。その時期を振り返って、清水さんは言う。「あのころの企業の人事部は、同僚のクビを切り続けなければならないことにうんざりしていた。そんな心の傷に耐えかねて、派遣社員などへの外注化に走った」。

手を汚さずにリストラできる仕組みへのニーズが、派遣人気を支えた。だが、不況を乗り切ったといわれる〇二年以降、その仕組みは、人件費削減にとどまらず、安全や働きやすさなど、働き手の効率や生産性向上の必要性も見えなくさせる道具にも転化し始めた。さらに危ういのは、「人件費削減」の名に隠れ、管理者としての責任まで「便利な派遣会社」に転嫁する、ある意味で腐敗ともいえる状況が、企業を静かに食いつくし始めていることだった。そんな構造が、工場の改善に不可欠な危険情報が伝わらない職場を生み、一線からの提案も創意工夫も上がらない会社をつくる。

低賃金の非正規の働き手の急増は消費の低迷を招き、不況からの本格的な脱出を妨げた。だが、それだけでなく、こうした働き方は、消費の活性化に必要な、すぐれた製品を作り出す現場も壊しているのではないか。私たちは、「不況を乗り切るための雇用劣化」から、「雇用劣化による不況」への道をたどりつつあるのではないか——。労災隠しの現場を歩くうちに、そんな不安がこみ上げてきた。

第3章
しわ寄せは「お客様」に

自分で引いた設計図を見る女性．ホームセンターでパートとして働きながら2級建築士の資格も取った(2008年2月 写真提供＝朝日新聞社)

パート店員の失望

「持てる層は持っていると言わないから、貧困が目につく。持てる層がカネを出したくなる工夫ができればカネはもっと出回る。そうした企業の工夫が、もっと必要だ」

春闘の賃金交渉が山場を控えた二〇〇八年二月、日本経団連の高橋秀夫参与は、『朝日新聞』のインタビューの中でこう語った。

「戦後最長の景気回復」がはやされる中でも、国内の需要は盛り上がりを欠いていた。これは、労働分配率の低さが原因だという意見が、ようやく盛り上がり始めていた。すでに述べたように、労働分配率とは、企業の上げた利益のうち働き手に回った割合を示す数字だ。〇五年、〇六年と企業の最高益達成や会社役員などの報酬の拡大が話題になる一方で、消費者の多数を占める中・低所得者への還元は進まず、労働分配率の低落が問題になり始めていた。冒頭の発言は、こうした声に対する反論の中で、高橋氏が企業の工夫の必要性についてふれたものだった。

富裕層は、それがなければ生きていけないような最低限の必需品は、すでにひととおり持っている。この層は、収入が増えても消費より投資に回しがちだ。だから、「持てる層」の高額商品需要だけでは、消費の回復には限界がある。だが一方で、消費者のニーズを企業が十分にすくい上げていないのではないかとの高橋氏の指摘に、そういう面はあるかもしれないとも感じた。それは同じころ、茨城県の元パート社員、稲葉光子さん（仮名＝六十九）の体験を聞いていたからだ。

稲葉さんに会ったのは、私が書いたパート労働の記事がきっかけだった。「パート労働の実態をもっと知ってほしい」と投書をくれた稲葉さんと、〇八年二月、都心で落ち合った。「どこでも出向きますよ」と気軽に茨城県内から来てくれた稲葉さんは、まっすぐな背筋にきりりとスーツをまとい、銀髪のショートカットの知的な人だった。

「現場を知っているのはパートなのに発言力がない。おかげで、顧客に迷惑をかけてしまった。それがつらかった」と稲葉さんは口を切った。

稲葉さんは一九九六年、自宅近くのホームセンターのパート募集を見て応募し、〇六年まで半年契約を何度も更新して十年間働き続けた。

それまでは、外へ働きに出ることもなく、建築設計事務所を経営する夫を手伝ってきた。自営業の妻には、仕事も家庭も境界線はない。繁忙期には夜も寝ないで働くことが少なくなかった。それでも、周囲からは「家でぶらぶらしている」と言われ、くやしい思いをし続けてきた。パートに応募したときは五十七歳。二人の子どもたちも手を離れ、一息ついていた時期だった。「五十五歳まで」という募集条件は過ぎていたが、「外で働く最後のチャンス」と決意した。面接では、その元気のよさと、建築関係の家業を手伝ってきた経歴が買われ、まずは午前中だけの短時間勤務で採用になった。

ホームセンターは、大手住宅販売会社の子会社の支店で、日曜大工の工具販売や住宅リフォームを引き受けていた。リフォーム人気が盛り上がり、会社が忙しくなるにつれて、労働時間は一日七時間程度、週三十時間になった。時給は当初の七百円から七百五十円に上がった。「設計事務所を手伝ってきた経験を生かせる」とうれしかった。しかし、喜びは次第に失望に変わった。

資格を取っても時給九百円

正社員は店に五、六人。外回り営業や管理的な仕事をし、全国を頻繁に異動した。店頭に来る顧客とのやりとりは、約六十人のパートが一手に引き受ける。正社員もパートも、顧客から見れば、みな同じ社員だ。稲葉さんはリフォーム相談を引き受けた。設計事務所を長年手伝ってきた経験から、店頭にやってくる顧客の要望を聞き、リフォームの案を練り、最後の契約を結ぶ段階だけ正社員につなぐ。

これだけパートが職場の主力になっているなら、社会保険や育児休業など働く者としての基本的な権利は保障してほしいと稲葉さんは思った。働く仕組みを勉強して、一定時間以上働いていれば正社員でなくても社会保険に入れると知った。パートの社会保険加入の条件は正社員の労働時間の四分の三以上だ。労働時間が週三十時間を超えたとき、稲葉さんは会社に「社会保険に加入できるのでは？」と聞いた。入社して以来、その件について一切会社の説明はなかったが、その申し出を受け入れて、加入手続きをとってくれた。

だが、時給は経験を積んでも、七百五十円から変わらなかった。正社員には定期昇給があるのに店頭の仕事を一手に担っているパートがなぜ熟練の度合いに合わせて昇給しないのか、納得がいかなかった。

本気で働くつもりだった稲葉さんは、本社の人事担当に直接電話し、「努力しているのだから時給を上げてください」とかけあってみた。担当者は、「七時間労働のパートは二千人いる。時給を十円上げただけで一日十四万円の人件費アップになる」と言った。「だれもかれも上げろとは言っていません、がんばった人だけでも上げてください」と稲葉さんは粘った。だが、

「がんばった」かどうかを示す査定は店長が行う。その基準には客観的な指標がほとんどなく、印象批評が多かった。はっきりものを言うと「生意気」「協調性がない」とされて、査定が上がらないのではないかと稲葉さんは不安だった。それが理由なのか「パートだから」なのかはわからなかったが、実際、査定は上がらず、賃金は横ばいが続いた。

店長に「パートに子どもができたら、どうするのですか?」と聞いたことがある。店長は、「いったんやめて出産まで休み、またパートとして応募すればいい」と言った。就業規則にはパートの育休はあると書いてあったが、これではないのと同じではないかと思った。

そんな稲葉さんに朗報が来た。パートも資格を取れば昇給する制度ができたという。会社もパートの戦力化を考えているんだ、とうれしかった。経験を形にしようと、二級建築士の資格を取ることにした。仕事の合間に学校に通って、二年で合格した。会社に報告すると時給はアップした。だが、それでも時給九百円で、月収は税込みで十一万円足らずにしかならなかった。

十を超す欠陥

店頭にはベテランの稲葉さんを頼ってリフォーム相談にやってくる顧客が増えていった。〇五年には約千五百万円相当の住宅リフォームの注文を獲得した。計画を練り上げていくうちに、客の考えている予算を二百万円超過した。材料をあまり落とすと仕上がりも使い勝手も悪くなる。信頼している業者と何度も相談し、高い材料から価格は中程度だが質はあまり変わらない材料に変えるなどして、質を落とさず安くする方法に知恵を絞った。これなら、というプランができた。

だが、最終段階の正式契約は正社員の仕事と決まっていた。稲葉さんから引き継いだ三十代の正社員の男性は、稲葉さんが信頼する建築業者から、極端に安い価格で引き受ける別の業者にすげ替え、手間賃の安い職人を使った。中古住宅は、長く使っているためゆがみができていて、既製の建具は合わないことが多い。にもかかわらず、正社員と新しい業者は、安いからと規格品を多用するプランに変えた。長く夫の設計事務所で働いてきた経験からすれば、住宅は安いことより長持ちして住みやすいことが大切だ。別の業界から転職してきたこの正社員は、安ければ安いほどサービスになり、自分の評価になると思い込んでいるのではないかと不安がつのってきた。だがパートの立場では口をはさめなかった。

完成後、顧客が店頭にどなりこんで来た。クローゼットの引き戸の幅が五センチ足りず閉めても中が見えるという。階段の手すりもうまくついていない。押し入れが雨漏りする……。十を超える欠陥を三時間にわたって指摘され続けた。正社員は全国転勤を繰り返して昇進していく仕組みで、頻繁に異動する。プランを変えた正社員は、もう異動して店にいない。関東地区を担当する地域本部の管理職と一緒に、工事のやり直しなどの後始末をするはめになった。

実務に不慣れな正社員が担当したずさんな仕事は少なくなかった。中途採用の正社員が、高額な浄化槽を発注したあと、転勤の準備で工事日も決めず放置し、そのまま転勤してしまった。「あれはどうなった」と顧客から苦情が来て、パートの稲葉さんが対応に走り回った。顧客に謝らなければと、転勤した社員の上司にかけあうと「なんでオレが謝りに行くのか」と言った。

正社員は、転勤までの短期間に目に見える売り上げを上げればいいと必死で、長い目で見た顧客の利便は二の次になっているように見えた。新興の業界だったこともあり、中堅の正社員は異業種から転職してきた三十代の男性が多い。住宅のことをあまり知らず、暮らしやその地域についても知らない。数字を追いかけて「業績」を上げ、転勤していく正社員たちの仕事ぶりを、稲葉さんは、はらはらしながら見守るしかなかった。

パートの「有効活用」

もうひとつの柱である工具やネジなどの部品の販売もパート頼みが多かった。これらは品種が多く、しかも建築技術の激変に合わせてめまぐるしく変わる。転勤してきては、すぐに他の地域へ異動して行く正社員には覚えきれない。細かな商品知識も、ベテランのパートに聞かないとわからないことが多かった。

稲葉さんが勤めていた十年の間に転勤していった正社員は十人以上にのぼった。その一人が、本社での正社員研修から戻って「研修では、レポートでパートの有効活用について書くと高得点をもらえる」と周囲に話していた。「現場を支え、正社員に教えているのは私たちパート。そういう働き手を、正社員が「有効活用」だなんて」と笑いたくなった。

店頭で聞いた顧客の要望や店の改善点について、上司に直言すると嫌な顔をされ、契約打切りもほのめかされるようになった。勤務のシフト表で、稲葉さんの労働時間は急速に減らされていった。理由は「業績が伸びていないから人手がいらない」というものだったが、稲葉さんより経験も専門知識もないパートが長時間のシフトに入り、新しいパートも採用していた。時給制で労働時間を減らされたため、月収は五万円程度に落ちた。「解雇なんて面倒なことを、わざわざ言い渡す必要はない。こうやって働く時間を減らしていけば、パートは食べていけなくなって自発的にやめていくんだ」と知った。

顧客は、大手企業の子会社だから、質のいい仕事をしてくれると期待して店にやってくる。だが、実際の仕事の多くは多数の低賃金のパートに割り当て、その利益で正社員を養っているように思えた。正社員も、頻繁な転勤と絞り込まれた人数で多数のパートを束ねることに追われ、実質的な仕事ができるような状態ではないのが気の毒だった。人件費減らしに懸命になって、会社が空洞化していると稲葉さんは感じ始めていた。

確かに、大手企業の系列だけあって、申し出ればパートも社会保険に加入させるなど同じ地域の同業他社に比べれば良心的な方だった。親切な正社員もたくさんいた。だが、一線の実務をパートが担っているのに、そのパートに発言権がないため顧客の要望を意思決定層に上げにくいのは同じだ。「踏ん張ってもお客様に迷惑をかけるだけ。地域に根づいて暮らしていかねばならない私たちパートは、正社員のように転勤で逃げられない。これ以上、顧客との板挟みになりたくない」。稲葉さんは〇六年、会社をやめた。

この会社の広報担当は、「欠陥だらけの千五百万円相当のリフォーム工事」について、「当時の工事について当該の店を通じて洗い出したところ、それらしき額の受注はあった」と話す。だが、「お客様からの要望に合わせて手直しをし、ご満足をいただいていた」と答えた。また、「店長との定期的な面談の機会も設けており、パートだから発言できないことはない」と言う。

これに対し稲葉さんは、「手直しして苦情がなかったというのは、私たちが、お客様の納得がいくよう奔走し、なんとか苦情を収めたから。本社はなんにも知らない」と反論する。「定期的な面談」については、笑っただけだった。

非常勤が「責任者」

一線で顧客に接するのは、いまやこうした非正社員がほとんどだ。稲葉さんの職場のように、パートと正社員とで仕事が分かれている例だけでなく、正社員とほとんど同じ仕事をしているパートも多い(図3)。パートの多い職場の正社員は、パートの管理に忙殺され、実務に手が回らない場合も少なくない。ところが、一線を預かる非正社員には、職場の運営についての権限はほとんどないことが多い。こうした非正社員たちからは、一線の情報にもとづいた職場の改善が遅れがちになり、現場に根ざした顧客のニーズは経営に反映されにくくなるとの声がいくつも聞こえてくる。

「カネはあるところにはある、そのカネを使いたくなるモノやサービスを生み出せば事態はもっとよくなる」という提言が進まない背景に、そんな職場の〝ギクシャク〟がある場合が少なくない。

「うちの職場は事実上、正職員が一人もいない。仕事は非常勤だけでやっているんです」。〇八年二月、東京都内の男女共同参画センターの非常勤職員、林原美佐さん(仮名=四十八)は言

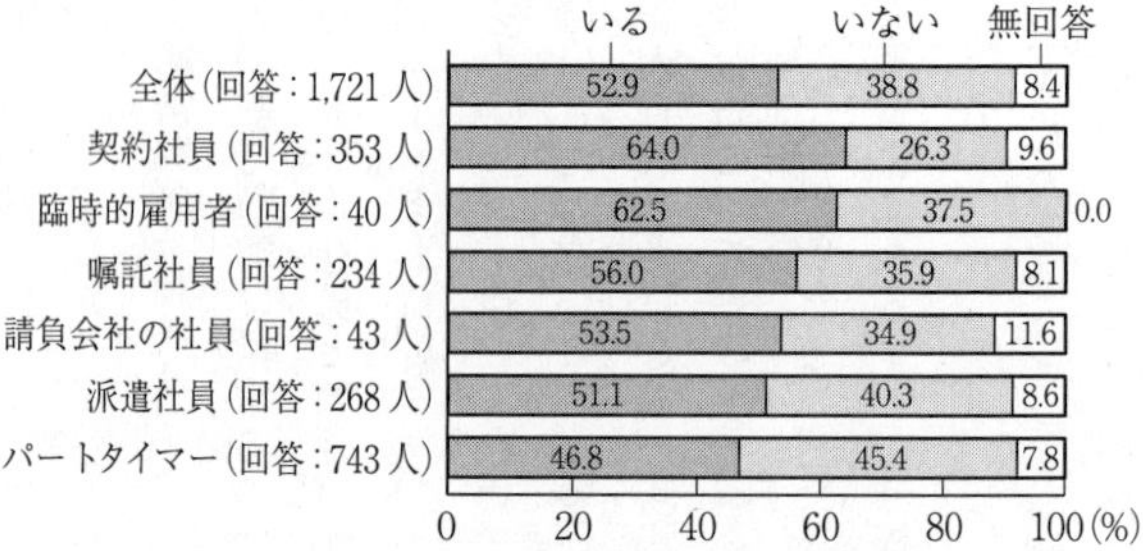

注:全体には「その他」の就業形態の者を含む.
出典:労働政策研究・研修機構「多様化する就業形態の下での人事戦略と労働者の意識に関する調査」

図3 自分とほとんど同じ仕事をしている正社員の有無(非正社員への調査, 2005年)

った。以前、取材で知り合った林原さんが、「勤め先が別の機関に委託されることになり、今年春で契約更新は打ち切ると突然言われた」と相談にやってきたのだった。

林原さんは、主婦から再就職を目指して大学院で女性学や社会学を学び、いくつかの自治体で非常勤として男女共同参画のイベント立案や情報誌の編集に携わってきた。今の勤め先で事業担当の非常勤職員を募集していると聞いて応募、〇六年に採用された。雇い主は、区が管理を委託した財団で、一年契約で五年まで更新できるという条件だった。

働き始めて、センターは専門職の非常勤三人と、アルバイト十三人だけで運営されていることを知った。出勤初日からアルバイトに「責任者」と呼ばれ、企画だけでなく、経理伝票の処理や予算計画、図書室もある広い施設の管理も任された。事業担当とあったので、イベント企画の立案だけを担当するのかと考えていたが、仕事の八割はこうした施設管理の仕事で占められた。

　朝九時から夜十時までの開館時間を、非正職員十六人でシフトを組んで運営する。勤務時間中は管理の仕事に追われ、本筋のはずの企画の仕事は持ち帰り残業になった。自治体から出向してきた正職員に、月一回の休館日も会議などがあるので休むなと言われた。財団本部で行う月二回のミーティングにも必ず出席するよう要請された。図書室の蔵書点検が毎年六月に三日間行われるが、これも休まず担当するようにとのことだった。ほぼ正職員並みに月十八日働いて、月収は税込み二十万円と半分程度だった。

　非常勤は仕事に期限がある。勉強に通ってキャリアアップし、次に備えなければと思うが、その時間がない。さらに困ったのは、子どもの学校の行事だった。運動会やＰＴＡで休みたいと言うと、管理職に嫌な顔をされた。

　正職員が「夏休みなので、次のミーティングは休ませてもらいます」とさらりと申し出て、これがあっさりと認められるのを見て力が抜けた。

無視される提案

そうしたいくつもの責任の一方で、利用者の使い勝手をよくしようとする提案は、なかなか受け入れられなかった。利用者に接しているのは非常勤職員だが、その発言権は弱い。利用者の生《なま》の姿をじかに見る機会がない区や財団には、その切実さはわからないと、もどかしかった。

林原さんは、家庭との両立が難しいために社会進出がしにくい女性たちを手助けする施設なのだから、母親も参加できる託児付き講座が必要だと考えた。提案したが、託児付きになったのは数えるほどだった。〇七年、顔に傷などがある人が化粧でカバーすることによって元気に生きられるようになる「リハビリメーク」の講座に会議室を使いたいと、区民が問い合わせてきた。必要な企画だと思ったが、施設が汚れないよう、講座は座って学ぶものだけに限るとする区の規定があるからと、財団は断るよう指示した。

この件について、同年秋の区議会で区議が「もっと柔軟な運営をすべきではないのか」と質問した。区は「職員を指導する」と答弁した。「私たちは、やった方がいいと考えたのに、財団が区の規定をタテにやめるよう指示し、あきらめざるをえなかった。それなのに、なぜ「職員」が区に「指導」されることになるのか」と、林原さんたちは悔しかったが、何も言えなかった。

住民は、施設の運営は権限のある区の職員がやっていると思っている。だから、職員に頼めば改善すると考える。要求が受け入れられなければ職員に問題があると判断する。そこで、区議への陳情となり、区議会での質問となる。だが、その職員が判断する権限も決定権もない立場に置かれていることを、どれだけの人が知っているだろうと林原さんは思う。しかし、それを公然と口にすることさえ、非常勤には勇気が必要だった。

同年暮れ、林原さんたちは、運営委託先を地元の女子大に変更すると通告された。契約のときは、五年までは更新できるといわれていた。まだ働き始めて二年目なのに、全員が〇八年三月末に契約を打ち切られることになった。財団は取材に答えて、「財政が厳しく人員が少ない中で、非常勤でもいろいろな仕事をやってもらうしかない」と反論する。「五年まで更新できるというのは、五年間雇用を保障するという意味ではなく、最長五年までということ。契約は一年ごとの更新なので、二年で打ち切ることもありうる」とも説明した。

二〇〇八年三月、林原さんたちは職を失った。林原さん自身は、他の自治体の男女平等を扱うセンターに、やはり非常勤ではあったが再就職の口をみつけることができた。アルバイトとして働いていた同僚たちは、どうなったのか。それが気がかりだ。

財政難の中で、低賃金の非常勤職員を雇う選択も必要かもしれない。問題は、その賃金水準で正規職員とほぼ同等の労働時間や負担、正規職員にはない専門性まで求められることがはたして妥当なのかという点だ。正規職員並みの時間的拘束を求められれば、より安定した仕事に移るための職業訓練の時間もとれず、契約期間が終われば文字通りの使い捨てになる。もっと問題なのは、そうした不安定で発言権を持たない働き手に、利用者との折衝、施設の管理、事業の立案という根幹の業務を任せ、その結果、利用者のニーズが中枢に反映されにくくなっていることだ。

「提案は無視され、住民からは職員が悪いと思われ、挙句に短期で使い捨て。サービスは空洞化し、しわ寄せは利用者に回されていることをわかってほしい」と、林原さんは言う。

ガイドなしの山岳ツアー

人件費削減は経営にとってやむをえない選択といわれる。だが、賃金を抑え込むために身分が不安定で発言力が弱い働き手を急増させたことで、顧客と会社とのパイプは細り、顧客の要望が十分に伝わらない事態が広がりつつあった。

一線と接することのない管理職や経営者にとって、聞きたくない情報を伝えてこない働き手の増加は、「すべてうまくいっている」との錯覚を与えることになる。これは、経営する側には、居心地のいいことかもしれない。だが、その結果、消費者はいらだちをつのらせ、「本当にほしいもの」「本当にほしいサービス」は提供される機会を失う。

二〇〇八年春に出会った派遣添乗員たちの体験は、そんな構造が生む危険性を浮かび上がらせた。

何年か前、スイスのハイキングツアーに出かけた派遣添乗員の江口美佐恵さん（四十八）は迷っていた。天候が崩れそうだが、ツアーを決行すべきか。山の天気は難しい。しかも、慣れない海外の気候だ。だが、相談する相手はいない。「山岳ガイドは高くつくから」と旅行会社が雇わず、山を知らない添乗員任せにしているためだ。「責任が持てない。見送ろう」と決断した。

「きょうはやめましょう」と伝えると、不満そうな客もいた。ツアーの最終日には、参加者に満足度アンケートを書いてもらうことになっている。成果主義が導入され、最終日のアンケートで「A」をもらえなければ評価が下がり賃金に響く。これでは「A」どころか、「D」かもしれないという思いが、一瞬、頭をよぎった。だが、安全には代えられない、と思い切った。「こんなことでお客を守れるのか」とやりきれなかった。

その後、ガイドがつかなかった他社のスイス山岳ツアーで、参加者が濃霧で迷った末、なんとか生還したと聞いた。添乗員が天候の変化を予測できず、見切り出発をしたという。あのとき見送ってよかった、と胸をなでおろした。

江口さんは添乗員歴二十四年。高校を卒業後、事務員を経て添乗員の専門学校へ。フリーの添乗員になった。いまは阪急トラベルサポートの派遣社員として、親会社の阪急交通社で働く。旅行好きがこうじて添乗員になった人たちが、自分のうんちくを傾け、「穴場」に案内したり、ツアー客に見せたい場所を自力で開拓して教えたりする――。添乗員の世界には、かってはそんな空気があった。

それが激変したのはリストラで解雇や賃下げが横行した二〇〇〇年前後からだ。働き手の三人に一人が低賃金の非正社員になり、消費力の落ちた人々を対象に、ファストフードの世界では日本マクドナルドの「百円マック」が登場して話題を呼んだ。旅行業界でもパックツアーの低価格化が進んだ。価格引き下げの切り札のひとつが、旅行先のみやげもの店などとの提携だ、と江口さんたちは言う。旅行代理店は、ツアーの費用を現地のみやげもの店に負担してもらう代わりに、パックツアーの参加者をこれらの店への買い物ツアーに誘導する。みやげもの店回りを優先するため、美術館や遺跡など、本来見てほしい場所へ回る時間は減らさざるをえない。顧客にいいツアーを提供したいと考えるベテラン添乗員には、つらいことだ。だが、もっとつらいのが、人件費削減のため、仕事がすべて添乗員に投げ込まれてくることだった。

「美空ひばり」より「モーニング娘。」

添乗員は、日本国内と現地との接点になって、顧客の安全を図るためにさまざまな手立てをこうじるのが役割だ。彼らは、どの国の言葉でもしゃべれるわけではない。だから、それぞれの地域でツアーの内容に合わせてガイドを雇い、こうした人たちと相談しながら顧客の安全を確保する。

ところが、低価格競争の激化の中で、ガイドや通訳の人件費は削減して添乗員にその代わりを担当させるようになった。加えて、サービスの実質的な低下を補うため、参加者の目に見える「小さなサービス」が次から次へと添乗員に求められるようになった。

パンフレットに「夕食後は添乗員が旅に役立つ英語をレッスン」と、うたったツアーもあった。海外旅行担当の添乗員は、確かに英語を操る。しかし、それは業務上のものであって、英語を教える資格があるわけではない。そんなことをうたってしまっていいのか、と思った。

旅のまとめや感想などを「旅日記」として参加者に配るサービスは、江口さんたちが「お客様に喜んでもらいたい」と自発的に行っていた。これがいつしか、義務になった。旅行会社が契約時に集められなかった空港税などを空港で集金するよう言われ、勘定が合わず自腹を切る添乗員もいた。英語が通用しない国のツアーで「現地語のできるガイドを」と旅行会社に求めたら、「自分で雇えば」と言われた。

旅先のバスの運転手も安さ第一だ。経験や技能の不足が心配で、道を間違わず、安全運転をするよう運転席の横に陣取り、運転手を見張り続けたこともある。そうやって早朝から深夜まで添乗して、賃金は日給で一万二千円程度、業界の年収は平均約二百三十万円だ。派遣会社の管理職は言った。「技能も賃金も高い「美空ひばり」はいらない。これからは、取り替えがきく「モーニング娘。」の時代だ」。

旅行業界は、仕事の性質上、以前から派遣社員が少なくない業界だった。それが、今は九割が派遣という世界になった。この働き方が、立場の弱い添乗員に負担を丸投げする経営の温床になったと江口さんらは言う。

派遣会社にとって派遣先は「お客」という、例の構図によって、派遣会社は旅行会社の要求を断ることが難しい。特に、江口さんたちが勤める会社のように、派遣先の旅行会社が親会社の場合、派遣会社側の立場はさらに弱くなる。旅行会社は自社の社員以上の要求を派遣添乗員に求める一方で、添乗員側の要求については、「派遣会社と交渉してほしい」とまともに対応しない。旅行会社からの一方通行の過大な要求が、派遣という働き方によって可能になったというのだ。

賃金が伸びない中で、消費者に「安ければいい」という低価格志向が広がったことが問題の根にあることは否定できない。だが、添乗員の言い分を、旅行会社がしっかり受け止めざるをえない枠組みがあれば、安さの中でも顧客に本当に喜んでもらえるサービスを、会社と話し合ってもっと提供できるはずだ。そうした対等な関係があれば、経営の中身を共有し、生活がたちゆく程度の年収は確保できる知恵を出しあえるかもしれない。今のままでは、顧客を危険にさらしかねない旅行計画でも丸のみして実行する機械でしかない。悩んだ末に江口さんたち数人の添乗員は〇七年、個人で入れる「全国一般東京東部労組」に同僚と加入した。派遣への甘えと依存で行われていた空港での集金は、正規の労使交渉の結果、廃止の方向となった。未払いの残業代を払うよう、労働基準監督署の指導も入った。

「安さを求めて過酷な働き方が生まれ、そんな働き方がお客様の満足を下げている。こうしたツアーが飽きられ、長い目で見れば旅行需要そのものを減らしていくことになる」と江口さんは思う。

添乗員側の言い分をどう考えるか、と派遣元の阪急トラベルサポートに聞いた。同社の担当者は、「厚労省などと労働条件について相談中なのでコメントは控えたい」と言った。だが、同社の正社員の中からは、「事実関係について、添乗員たちの言ったとおりのことはある。しかし派遣先の会社との関係もあるので、軽々にはコメントできない」と苦しげな言葉も聞かれた。親会社の阪急交通社は、「添乗員の雇用責任はあくまでも派遣会社。今、その派遣会社側と交渉中」と言った。

専門職受難

ものを言いにくい非正社員の増加によって、顧客からの情報が遮断されつつある。そんな状況を一段と深刻にしているのは、これらの非正社員の中に、技能や熟練を必要とする専門職的な働き手が少なくないということだ。

建築士や男女共同参画の事業立案者、添乗員と、それなりの専門知識を持つ働き手の立場の弱まりが意味するものは小さくない。

専門職とは本来、組織の論理に左右されず、知識に照らして是々非々の独立した立場をとることに意味がある。そうした層が「ダメなものはダメ」と言えることで、一般の人たちが危険から守られ、また、真のニーズが吸い上げられる。雇用の規制緩和の過程の中で、そうした存在が次々と、身分保障が弱く正面切って意見も言えない雇用形態に切り替えられていった。

その出発点と言われるのが、九五年、当時の日経連が発表した「新時代の「日本的経営」」構想だ。バブル崩壊後に進んだ若者の貧困化を問うてきた作家、雨宮処凛《あまみやかりん》さんは、この構想について次のように書く。

「そして九五年、サリン事件や大震災のゴタゴタの中で、日経連は「新時代の「日本的経営」」という報告書をひっそりとまとめ、私たちは見捨てられた。働く人を「長期蓄積能力活用型」「高度専門能力活用型」「雇用柔軟型」の三つに分けて使っていこうという提言は、派遣法を大々的に改正し、ただでさえ不安定で貧乏だった人々を更に貧困に押しやった」（『ロスジェネ』創刊号、二〇〇八年五月）。

非正規雇用という場合、この三つの中の「雇用柔軟型」、つまり、もっとも使い捨てられやすいパートやアルバイトなどに注目が集まることが多い。これらの層は時給も極端に安く、目いっぱい働いても食べられない「ワーキングプア」の温床となりがちだからだ。だが、顧客情報を組織に伝える情報のパイプの目詰まりや、消費者のニーズに即したサービス提供の立ち遅れという面では、「高度専門能力活用型」の働き手を非正社員化していったことの影響も、見過ごせないものがある。

「うるさくて高い専門職」を派遣や契約社員として組織の「外」に放り出すことによって、組織は人件費の節約と同時に、「サービスの質にこだわる組織内野党」ともいえる成員を失うことになった。欧州のように、正社員か非正社員かにかかわらず、同じ価値の労働なら同じ賃金(同一価値労働同一賃金)を担保する仕組みがあれば、放り出された専門職の立場が弱まる可能性も低い。だが、それがない日本では、会社の外に出た働き手は、よほどの交渉力のある場合でなければ経営者の判断と労使の力関係で買いたたかれる。かつて、正社員として守られた立場にあった専門職的な働き手が外に追いやられ、「お客様」との間をとりもつ役割を担っていた「ご意見番」的な働き手が組織から失われたしわ寄せは、最終的に「お客様」にやってくる。人件費抑制を求めて進められた非正社員化は、仕事に見合った価値を決める仕組みがない日本で、専門性の高い働き手に「適正な価格」をつけられない事態を生み、組織の劣化に手を貸してしまっているように見えた。こうした事態は、教育のような目に見えない価値を提供する場で、一段と進んでいた。

子どもと向き合うひまがない

二〇〇七年四月、福島県の公立中学で理科を教える非正規教員の山田一郎さん(仮名=三十五）は、同僚で自分と同じくフルタイムの有期雇用講師が突然職場を去ることを知った。新年度が始まったばかりで、入学してきた生徒に教員の紹介がすみ、これからこの陣容で新しくスタートさせようと意気込んだ矢先だった。

当時、同じ学校に、理科の有期雇用講師は山田さんと同僚の二人だった。ところが、他校で生徒が一人減り、その結果、定員に合わせてクラスがひとつ減ることになった。正規教員が一人浮き、その教員が赴任してくることになった。その玉突きで、二人の理科の講師のどちらかが押し出されることになり、同僚の方に白羽の矢が立ったのだ。

「先生がこんなに簡単に差し替えられるなんて。いったい生徒はどう思うだろう」。自分が対象になっていたかもしれなかったと思うと、ショックで手が震えた。

同僚は、一カ月後に別の学校で無事、復職した。それでも衝撃は消えなかった。有期雇用の教員とは、ちょっとしたことで簡単に職を失い、差し替えられる存在なのだと思い知らされたからだ。

手厚い少人数教育を目指す同県では、小一、小二と中一は三十人学級だ。だが国の基準は四十人学級。国からの人件費だけでは足りず、県の予算で、一年の契約を更新してフルタイムで働く有期雇用の常勤講師が雇われ、担任も引きうける。正規教員とほぼ同じ仕事と責任をこなして、それでも身分保障は弱い。ギリギリのやりくりの中で、クラスの増減に合わせて教師の数も伸縮自在にする設計だからだ。教員のカンバン方式と自嘲的に言う教員もいた。

授業の質は正規教員に負けないつもりでがんばってきた。だが、一年契約では一年先の見通ししかつかない。それどころか、ちょっとした生徒数の増減で、あっというまに職を失う例まで見てしまった。不登校の生徒の指導などは、長期の取り組みが必要だ。担任としてそうした生徒と向き合わねばならないとき、そんな自分が本気で取り組めるか、気力が続くかどうか、不安だと山田さんは言う。

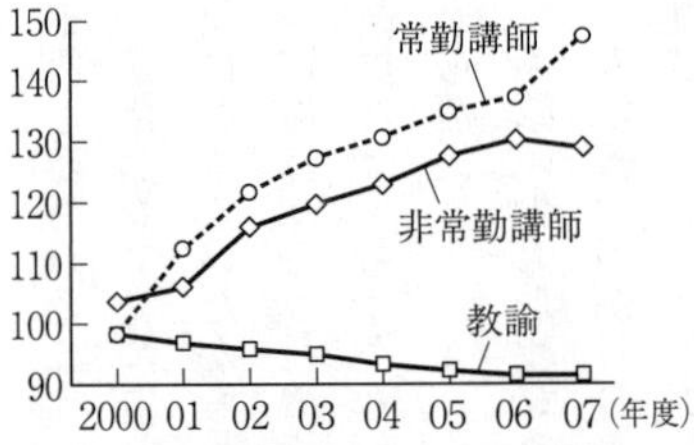

注：1999年度を100とする.「常勤講師」は有期フルタイム,「非常勤講師」は有期短時間勤務.
出典：文部科学省「学校基本調査報告書」

図4　公立中学校の教員数の推移

山田さんはフルタイムの有期雇用だが、同じ有期で、労働時間が短い非常勤講師も増えている(図4)。

同じ中学で、体育の短時間の有期雇用講師を務めていた小川博さん(仮名＝二十六)は「若干名募集」の狭き門を突破し、〇八年四月から正規教員になった。そんな小川さんが、有期雇用のころを振り返って言う。「非常勤は授業以外のトータルなつきあいが持てず、子どもたちの中に入っていくのが難しかった。授業のときに来るだけなので、学校の方針や空気がつかみにくい。難しい働き方でした」。

人件費削減のために、教員を有期雇用化する。こうした現象は全国的なものだ。そのしわ寄せが、正規教員にも押し寄せている。

二〇〇八年三月に開かれた石川県金沢市議会で、山本由起子市議は、忙しすぎる教員の現状について質問した。

山本市議も教員出身だ。かつてと比べると教員には、生徒指導、クレームを寄せる親とのつきあいなど、「見えない仕事」が急増していることに驚くという。教育委員会や親が「説明責任」を求める動きも強まっている。その要求にこたえて、いちいち報告書を作成する。こうした中で、授業の準備をする時間が大幅に削られる。

しかも、現場では有期の非正規教員が急増している。「見えない仕事」や責任ある仕事は正規教員に集中することが多く、正規教員の間には、過労によるうつ病も増えているという。もっとも大きい問題は、その結果、教員の本来の仕事であるはずの「子どもと向き合う時間」が減ってしまうことだ。

急増する不安定な立場の非正規教員は、働きやすい環境を求めて声を上げにくい。減少する正規教員も、仕事の集中で改善を求める余裕がない。「先生が忙しすぎて子どもの相談にものれない。先生は子どもを教えるために学校に来ているのに、その時間がないなんて、何かがおかしい」と山本さんは首をかしげる。

人が育たない

人が育たない。そんな声もあちこちの職場で聞こえ始めていた。人件費削減に頼る経営が当たり前になるにつれ、働き手を再生産する余裕まで、職場から失われ始めたからだ。

二〇〇七年、首都圏の公立病院から「天井から水がしみ出している」との通報が寄せられ、今井良則さん(仮名＝五十四)は駆けつけた。今井さんの勤め先は中堅のビル管理会社で、病院の管理を委託されている。水は、十二階から三階までの天井にしみ出していた。老朽化した給湯管が十三階部分で破裂、その水が管と床のすきまを伝って漏れ出したからだ。

「またか」と今井さんは思った。決められた仕様書に沿って空調やボイラーなどの保守点検をするのが仕事だが、破裂した給湯管は、仕様書の点検対象外の個所だった。そんな点検漏れの配管の破裂は二カ月に一回程度は起きている。今年に入り、病棟の汚物処理室の床の掃除口から汚水があふれて、患者や見舞客が通る廊下まで水浸しになる事故も起きた。

委託事業は、もっとも安い価格を入札した会社が落札する。現場を知らない営業担当者が仕様書をつくることも多く、足りないところは現場の自発性が支えてきた。だが最近は、仕様書にないことはやらない若手が目立つ。

宿直を含む二十四時間勤務で、深夜も病院内を巡回点検し、終わると備え付けのカードに名前を書くが、自分の番はさぼり、後輩の巡回時に「オレの名前も書いて来い」と命じる若手もいた。看護師にドアが壊れたと言われても、「仕様書にない」と直しに行くのを渋る者もいる。

今井さんは、経営していた会社が倒産し、今の会社に勤めて約十五年になる。若手のなげやりな態度が目立ち始めたのは三年ほど前からだという。

談合防止と効率化を目指した価格一辺倒の競争入札が、人件費の比重が大きいビル管理にも及び始めた。落札できなければ働き手は会社に残れない。入札ごとに価格は下がり、賃金は月二十三万円程度から十七万円程度になった。それ以上下げると人が集まらないため、現場の配置人数が減らされた。

病院は、なんでも委託先任せだ。一方、管理会社は入札に勝つために必死で賃金を下げる。仕事の質が問われないため、なげやりでも会社にものを言わない社員が重用され始めた。仕様書になくても点検が必要なのはどこか。巡回はなぜ必要か。ノウハウを教えたくても、若手は「評価に関係ない」と耳を貸さない。

人件費がコストの大半を占める産業に低価格競争が広がり、技能の劣化や継承難を招いている。

絶たれる技術の継承

「息子にも後をつげとは言えない」。大手建設会社の仕事を孫請けする東京の金物工、石川敬一さん(仮名＝五十三)は言う。「一人親方」と呼ばれる個人営業だ。会社員から鉄工所に転職したが、二十五年前に倒産。工場に出入りしていた職人に誘われ、建築現場で手すりや金属パネルなどを加工し取り付ける金物工の世界に入った。

公共事業でも民間工事でも低価格競争が進み、建設労働者の年収は低下傾向が続く。〇五年には全産業平均より百五十八万円低くなった。一人親方は、高額な工具の費用に車の燃料費、若手作業員の賃金まで自分持ちだ。月収五十万円はないとやっていけないが、最近は月収三十万円程度はざらだ。建設会社から「原価割れだけど我慢して」と言われ、次の注文を期待して引き受ける。ある親方仲間は、サービス残業までして月収二十万円だったとき、妻に「今月は休んでいたの？」と聞かれ、思わず泣いた。

建設会社は機械をリースするので、安くするために工期を短くしようとする。雨が降っていても「やんだらすぐ工事を」と言われて出勤した。ぬれると感電が心配な工事も、乾くまで待たずに強行した。〇七年暮れ、ビルの高所の機械室に防音壁をめぐらす工事で「強度がもたず風で壁が倒れかねない」と指摘した。建設会社は「工期がある」と無視。その後、強風のため壁は倒れたが、けが人が出ず表沙汰にならなかった。

そんな現場で高齢化が進む。五十歳以上の建設就業者の割合は〇六年に四割を超え、三十歳未満は九六年の二二％から一五％に減った。若手をじっくり教える余裕がなく、それ以上に雇うカネがない。不法就労や研修生の中国人頼みだ。

ここ数年は、賃金が上がらない若い世代を狙って、土地込みで二千万〜三千万円程度の低価格一戸建て住宅も広がる。その価格水準を実現するため発注企業は、引き受ける親方の収入を絞り込む。「こんなことを続けていれば、今ある建物を補修できる人もいなくなる。そのとき、お客さんはどうするんだろう」と石川さんはつぶやく。

二〇〇六年、大手住宅会社のパナホームは、同社の仕事を請け負う親方の一部に、後継者育成の助成金を出す「大工技能者育成制度」を始めた。だが一方で、同社の広報担当は、「住宅は部材の改良で工事が簡単になり、高技能者はそんなにたくさんはいらない。業界の賃金低下はそんな変化も理由だ」と言う。石川さんの「だれもが後継者を育てられる収入と安全な工事ができる余裕を」という願いとは、すれ違ったままだ。

「顧客のため」のうたい文句のかげで、顧客と接する人材の劣化が押し進められていく。日本のＧＤＰの半分を占める個人消費は「戦後最長の景気回復」の期間もほとんど持ち上がらないまま、〇八年秋、世界同時不況がやってきた。

第4章

「公」が雇用をつぶすとき

東京・荒川区で開催された，正規の公務職員との均等待遇を求める非正規職員の集会(2007 年 9 月 1 日　著者撮影)

「官製ワーキングプア」の誕生

人間の生活には「必要だけれど、お金になりにくい部分」がある。だから、行政は住民から税を集めてこうした分野を支える。福祉とはそんな分野である。こうした公的サービスがしっかり保障されていない社会では収入に余裕のある層でも安心して消費ができず、ただ貯め込むことになる。二〇〇〇年以降の「財政再建」政策は、こうした福祉部門の切り下げを進め、将来が不安だから使わずに貯め込む富裕層と福祉の安全ネットを失って路頭に迷う貧困層とを生んだ。「お金がうまく回っていかない社会」である。

そんな中で、公的サービスに従事する人々の多くが非正規職員に切り替えられ、目いっぱい働いても年収二百万円前後という働き手になった。働き手の我慢に依存してものごとを解決してきたこの国の仕組みが招いた「官製ワーキングプア」の誕生だった。

食べられない水準の保険報酬設定

「こんなことでは介護はもたない」

二〇〇二年、ある勉強会の席で、介護労働者の問題に取り組む知人の大学教員が深刻な顔をして言い出した。介護保険が二〇〇〇年にスタートしたが、介護保険報酬の設定が低く、食べていけない働き手が少なくないという。バブル崩壊後の不況の中で失業率は〇二年、五・四%のピークを迎え、政府は「失業対策としてIT(情報技術)と介護分野で雇用を吸収する」と繰り返していた。確かに、少子高齢化が急速に進む日本社会で、介護は大きな需要が見込まれる成長分野だ。だが、その介護が「食べられない低賃金」の仕事となると、それが雇用の受け皿になるのだろうかと疑問に思う。

介護保険報酬は三年に一度改定される。その〇六年施行へ向け、〇三年には社会保障審議会から介護保険報酬改定案の答申が出る予定だった。だが、メディアでは、利用者にとっての介護サービスの問題点は活発に取り上げられても、介護する側の賃金や生活水準についての報道は鈍かった。福祉の担い手は奉仕の精神が必要で、食べられるかどうかなど口にすべきではないというムードがあったのかもしれない。だが、「食べられない低賃金」を放置すれば、介護サービスは先細りになり、やがては利用者がまともな介護を受けられないことになる。そんな不安から介護現場の働き手たちに取材を始めたのは、〇三年秋のことだった。

最初に訪ねたのは、東京都内の高齢者ケアの非営利組織(NPO)だった。ここで働く市川律子さん(仮名＝二十九)は、介護福祉士の資格も持つ介護ヘルパーだった。四年間勤めた会社を二十二歳でやめ、専門学校で資格を取り、民間の高齢者ケア会社で訪問介護を始めたという。介護保険制度が始まり、「介護元年」「介護は高齢社会を担う新しい仕事」と、はやされていたころだった。会社員としての仕事は、だれにでも代わりがきき、自分の仕事と社会とのかかわりが見えないような気がしていた。介護なら、人の役に立っている実感を味わいながら生活を支えられる、と夢は広がった。だが、やがて夢は失望に変わった。生活できる賃金とは、ほど遠かったからだ。

原因は、介護保険の仕組みにあると市川さんは言った。当時、ヘルパーの仕事は三種類に分けられ、事業主に払われる報酬単価はその種類に応じて決められていた。①おむつ交換や食事介助など介護される人に直接ふれて行う身体介護が一時間四千二十円、②掃除、洗濯、調理などそれ以外の日常生活の援助である家事援助が千五百三十円、③中間の複合型が二千七百八十円で、これでヘルパーの賃金と経営にかかる経費がまかなわれる設計だ。

事業所は、こうした単価をもとにヘルパーの時給を設定するが、市川さんの場合、家事援助の時給は八百〜九百円台。一軒三時間で午前と午後一カ所ずつ回れば六時間、月給は十万円程度となる。通勤、訪問先の間の移動時間、終了後の介護記録をまとめる時間などを含めると八時間以上拘束されることはざらだったが、移動時間などは支払いの対象にならなかった。時給千二百円程度の身体介護だけを担当し、たとえば一ヵ所の介護三十分、移動時間五分、また介護三十分、といった「効率のいい」シフトを組むことができれば月二十万円を超すことも可能だが、訪問先が近隣に集中しているとは限らない。

市川さんは、介護が好きだった。お年寄りとの心の通い合いが仕事の張りにつながっていた。最初に勤めた民間の事業所では数をこなすことを求められ、その要求に合わせれば月二十万円程度の賃金は可能だった。だが、それが目的になるのは味気なかった。お年寄りとじっくりつきあう喜びをもっと味わいたいと〇一年、民間の事業所から今のNPOに転職した。

だが、介護報酬の枠内で賃金が決まっている限り、賃金面では大幅な改善は望めなかった。「今は自宅通勤のパラサイトだから低い賃金でもなんとかなっている。家賃を払ったり養う家族がいたりしたらもたない」と言う。〇一年に当時の「ゼンセン同盟」(〇二年から、CSG連合、繊維生活労連と統合して「UIゼンセン同盟」)が行った調査では、ヘルパーの時給は平均して千二百円程度。しかし、「訪問先から訪問先へ移動する時間には賃金が支払われていない」というヘルパーも八割を超え、拘束時間全体で収入を割ると時給は八百円を下回っていた。

「タダの家事」基準に設定

厚生労働省は、訪問介護事業所の事業主あてに、「ホームヘルパーの移動時間や業務報告書の作成時間は、業務と認められているなら労働時間に含まれる」との見解を示していた。雇う側は、この見解をどう考えているのかを聞こうと、当時、活発なPRを繰り広げていた大手介護サービス会社「コムスン」を訪ねた。

取材に応じた折口雅博会長は、バブル期を象徴するディスコ「ジュリアナ東京」を立ち上げ、次に「二十一世紀の新産業」とはやされる介護事業に転身したことでメディアの注目を浴びていた。折口会長は、「今の報酬水準では、移動時間や介護にまつわる管理業務にまで対価を支払うのは厳しい」と口を切った。介護プランを設計する「ケアマネジャー」には一件六千五百～八千四百円の報酬が介護保険から出るが、ヘルパーのシフトを組む管理業務などを行う「サービス提供責任者」への報酬規定はないからだという。

「うちは全国で約二万人もの従業員を抱える。介護は雇用吸収力も顧客のニーズも大きい。それなのになぜ医療に比べ、こんなに単価水準が低いのか」と、折口会長はいらだった様子で言った。四年後の〇七年、介護報酬の不正請求が発覚したコムスンは、介護サービス事業所の新規および更新指定不許可処分を受け、やがて営業停止、事業譲渡という道をたどる。だが、すでに〇二年の時点で、折口会長は、「次世代の成長産業」だったはずの介護ビジネスの「さほどもうけさせてくれない仕組み」に、戸惑っているようにみえた。

「労使ともに、介護報酬が安すぎると言っていますが」と厚労省に聞くと、担当者は「報酬水準は教育訓練にいくら、サービス提供責任者にいくらと積み上げたのではなく、介護保険導入前の事業所の平均値を目安に決めている。それで何とかできた事業者もある」と説明した。

日本の介護は、長く「嫁の仕事」とされ、家庭での無償の労働を基準に低い賃金に抑えられがちだった歴史がある。介護保険は、介護労働の社会化を目指していたはずなのに、対価は「社会化」以前の水準に合わせて設計した、ということになる。福岡県で介護ヘルパーとして働いてきた泊《とまり》イクヨさん(五十七)に、こうした賃金のあり方について聞いてみた。泊さんは、「介護の対価は、「女性のタダの家事」と同じといった意識で決められがちだった。賃金の水準を大幅に引き上げないまま、安易に雇用の創出などと言ってほしくない」と言った。

泊さんがその例としてあげたのが、「家事援助」の単価の低さだった。介護保険は在宅介護と自立支援を重視する。食べるものの調理にあたっても、高血圧や糖尿病にならない食事を考え、生活指導も行う。「家事援助と身体介護は一連のもので、家事援助は身体介護以上に専門性が必要な部分もある。それなのに、家事だからと極端に低く評価されている。女性が担ってきた仕事の価値の蔑視だ」というのである。

一方、「日本介護福祉士会」副会長だった大橋佳子さんは「確かに、安くても仕方ないと思えるほど介護ヘルパーの技能が低い例も実際にはある」と言った。「ただ、それは教育訓練費も出せない水準に介護報酬を設定したため、そんな人材しか集まらなかった結果ともいえる。質への意識を高めないと悪循環は続くでしょう」。

労災保険や年休、感染症対策も不足

賃金ばかりではなかった。介護労働者には、労災保険や年休制度、さらに介護に際して想定しておかねばならない感染症への対策も整備されていないことが、取材するうちに浮かんできた。

二〇〇二年十二月、介護労働者の労組「日本介護クラフトユニオン」が名古屋市内で開いた組合員研修会では、介護ヘルパーたちから「勤め先の事業所で結核が流行し、騒ぎになった」との報告が上がった。介護先の高齢者からヘルパーが感染し、気づかないまま働き続けたため、事業所に広がった可能性が高い。そのまま放置されていれば、事業所を通じて他のヘルパーから介護先に感染が広がりかねない事態だった。

同ユニオンの陶山浩三事務局長によると、労働安全衛生法では労働者には健康診断が年一回義務づけられているが、週の所定労働時間が正社員の半分に満たない働き手には規定がない。細切れ労働の登録ヘルパーが多い介護業界は、感染の機会が多いのに健康診断の実施度が低い。これではヘルパーを介して、さまざまな感染症が、サービスの受益者や地域へ広がりかねない。

また、失業の安全ネットとなる雇用保険は、週二十時間未満の働き手は加入できない。このため、短時間労働をつないで働く登録型のヘルパーの多くは、失業手当も出ないことになる。報酬水準の低さから、労働災害の場合の保障となる労災保険まで払えないという雇い主も多く、介護先から介護先への移動のときの交通事故に対する保障が問題になることもあった。

こうした中、職業としての安定度を増そうとする試みも出てきていた。京都市内で介護サービスを行う社会福祉法人「京都福祉サービス協会」は〇二年春、ほぼ全員の登録ヘルパーに労災保険と五日の年次有給休暇を保障することにした。福岡県の「芦屋町社会福祉協議会」では、感染症対策として仕事の後でシャワーを浴びたり手を消毒したりできるヘルパー室を設けた。

夫や親など一家の収入の柱がいなくては、やっていけず、プロとしての最低限の保障も整わない「タダの家事労働」基準で始まった介護の制度に、当時、日本の福祉制度の視察に里帰りしたデンマーク在住の評論家、小島ブンゴード孝子さんは、「これでは民活(民間活力の活用)ではなく、民依存」と、驚いた様子で言った。

デンマークでは、高負担と引き換えではあるが、福祉水準にかかわる要介護度の判定、介護者の資格教育などは、すべて自治体負担で行われるという。ところが日本の介護保険は、そもそも低い介護報酬から、介護者の教育訓練やヘルパーのローテーションをつくる時間管理責任者の人件費まですべてひねり出す仕組みになっている。このため、介護労働者の賃金が圧迫され、人材の確保ができなくなる。また、民間と行政の責任分担をはっきりさせ、教育や介護度判定などの、根幹となる仕事は行政の職員が担う仕組みがないと、介護現場と行政とのパイプが弱まり、行政の指導が手薄になるばかりか問題が起きた場合の行政の責任もあいまいになる、というのだ。

進む介護離れ

当時、経済財政諮問会議の専門調査会メンバーとして雇用創出策をまとめた慶應義塾大学の島田晴雄教授は〇一年、「産業構造の転換と女性・高齢者の進出で今後五百三十万人の新しい雇用が必要になる」と試算し、うち介護サービスで五十万人分の雇用をつくる、という雇用創出計画を打ち出していた。

二〇〇三年暮れ、「低賃金の介護では雇用はつくれないと批判が出ているが」と島田教授に聞いた。回答として示されたのは、「中流の高齢層の高水準の年金を活用する方法がある」というものだった。

介護を雇用の受け皿としたのは、「家族介護は限界で、高齢者介護サービスの需要は大きいから」と島田教授は言い、「問題は、在宅介護労働は、仕事が連続して保障されにくく不安定な点だった」と認めた。ただ、これを公的資金で解決しようにも、財政赤字が壁になる。だから、グループホームなどの良質な小規模施設を地域に多数設け、要介護者を集めることで、訪問先から訪問先へと飛び歩かねばならないヘルパーの仕事を、とぎれないものにする枠組みをつくればいいという。「入居者は中流の高齢者とし、介護保険だけでなくその年金収入を足してもらう。これによって、介護労働者に二十五万円程度の月収を保障しても運営が可能な施設ができる」。こうして浮かせた公的資金を低所得者の介護に振り向ける「民活」路線だという。

この案を、現場の介護労働者たちに提案してみたが、多くは首をかしげた。「高収入の大手企業の社員は働き手の一部。「中流の年金」を出せる人が高齢者のうちどれだけいるだろうか」というのだった。

二〇〇〇年度の開始時に三兆六千億円だった介護保険の総費用は高齢化で急増し、〇七年度予算で七兆四千億円に達した。保険料も上昇し、給付抑制が課題となる。○三年度の初改定で、介護報酬は二・三％、施設介護に限れば四％引き下げられ、○六年度もさらに下がった。国がはめた天井に抑えられ、ニーズがあっても働き手の賃金は上がらなかった。そんな中で景気は○二年以降、回復基調をたどり、介護業界から他の産業への脱出が始まった。あるシングルマザーは、「介護は好きだが子どもを食べさせられない」とスーパーのパートに転職した。時給は安くても、働いた時間だけ賃金が入ってくるので、介護労働より安定しているからという。介護業界の人手不足は、深刻化していった。

人件費切り下げで成り立つビジネス

二〇〇七年六月二十六日付の『朝日新聞』は、介護業界の「雇用劣化」を次のように伝えた。

「経営が厳しいからと、昨年夏のボーナスはゼロ、冬は〇・五カ月分だけでした」。東京都内の通所介護施設で働く介護福祉士、西川学さん(四十六)は顔を曇らせる。

四年近く時給制の非常勤職員だった。昨年五月にやっと正職員になったが、年間二カ月分の賞与の約束は守られず、月の手取りは十六万円台だ。

家賃六万円のアパートで一人で暮らす。職場の男性は全員独身。「結婚はともかく子どもを育てることは考えられない」。

コムスン問題で見えてきたのは、働く人の賃金を切りつめて成り立つ介護ビジネスの現実だ。同社のケアマネジャーだった三十代女性によれば、専門職のケアマネでもボーナスなし。自社サービスを多く使わせた人への「報奨金」のみだ。「年収は手取り二百万円台。生活できないって、みんな悩んでいました」。

職員の非正規化も進み、「東京介護福祉労働組合」には「来月から契約社員になってほしい」などと労働条件切り下げを迫られたという相談が、〇六年前後から増えたという。

「人件費の切り下げで成り立つビジネス」の手法は、障害者の作業所にも及んだ。〇六年に施行された障害者自立支援法によって、補助金が年間千二百万円近く減少する作業所では、雇用を維持するための給与カットを迫られ、年収が三十万円ダウンした職員も出た。やりがいはあっても月収が手取り約十八万円ではまともに生活していけず、コンビニへの転職を考えているという。

厚生労働省の調査では、福祉施設職員の月給は〇六年までの四年間で二万円近く下がっていた。全労働者平均と比べた水準は、七〇%から六四%に下がっている。介護サービスの値段は介護報酬で決まる公定価格だ。報酬が大きく下がると、事業者が利益を確保する方法は人件費カットしかないが、障害者福祉も同じ構造だ。障害者施設や作業所の全国組織「きょうされん」によると、障害者自立支援法が始まって、通所施設などへの支払いが月払い方式から日払い方式に変わった影響は大きく、一、二割の大幅減収に見舞われる事業者が続出した。

福祉系大学などでは、〇六年から就職先の「福祉離れ」が起き、介護福祉士の資格を取った学生が、自動車会社の期間工として就職する例まで起きた。募集しても人が集まらず、オープンを二カ月延期した特養ホームも出た。介護関連職種の〇六年の有効求人倍率は一・六八で、全職種の一・〇二を大きく上回った。

二〇〇七年八月、厚労省は「福祉人材確保指針」を見直し、「国家公務員の福祉給与表を参照する」「適切な水準の介護報酬の設定」などを盛り込んだ。だが、財政面での措置については踏み込んだ議論はなく、予算の裏づけは欠いたままだ。同省は「有資格者の掘り起こしや高齢者、女性の就業促進で確保できるはず」(福祉人材確保対策室)と言うが、掘り起こして「ワーキングプア」を増やしてしまうのでは、雇用の創出にはならない。〇八年の金融危機後の不況で、政府はまた、「雇用の受け皿としての介護」という掛け声を繰り返し始めている。

納税者を育てる視点

介護や福祉の業界は、自分は「ビジネス」には向かないけれど人の役に立ちたいという心やさしい人々を、経済的に自立した働き手に転化できる産業になれたはずだった。市川さんのように、そんな夢にかけて転職までした人もいた。こうした新しい働き手が納税者となり、社会保険の支え手になり、消費にも参加して内需の担い手になる可能性はあった。だが、「人件費切り下げで成り立つビジネスモデル」が当たり前になった社会は、そのチャンスをつぶした。

スウェーデンの社会民主労働党の女性議員、インゲヤード・サールストロムさんから聞いたスウェーデンの福祉は、そんなビジネスモデルの対極のあり方を示していた。

サールストロムさんに会ったのは、介護保険がスタートした翌年の〇一年のことだ。スウェーデンのドメスティック・バイオレンス（DV）対策の講演で来日したのを機にお願いしたインタビューで、「スウェーデンは昔から男女平等や福祉を優先する社会だったのか」と聞くと、サールストロムさんは「とんでもない」と笑った。「私たちだって、六〇年代までは男は仕事、女は家庭だった」と言う。だが、六〇年代の好景気で人手が足りなくなり、女性にも外に出てほしいという社会的要請が出てきた。そんな中で、サールストロムさんたちは地域で女性集会をたくさん開き、「女性たちに外で働くことを求めるなら、女性たちが家庭で自分たちがやってきた仕事にサポートが必要だ」と突き上げた。保育園と介護施設の充実の要求だった。

集会では、その目標に向かって、自分たちの仲間から人材を出して女性の議員を増やしていくことが決められ、養護学校の教員だったサールストロムさんも国会議員に当選した。これらの議員たちが、税金の使い道を変えていった。その結果、保育園や介護施設が増え、こうして生まれた新しい産業が家庭にいた女性たちを吸収し、この人たちが新しい納税者となって税収を増やした。増えた税収で福祉施設はさらに充実した。この好循環が、今のスウェーデンの基盤になった、という。

財政赤字の今の日本で、六〇年代のスウェーデンのモデルの再現は無理かもしれない。だが、本気で介護を雇用の受け皿にしようとするなら、タダ働きの家庭介護を前提にするのではなく、家庭介護をしていた人々を新しい納税者として育てたスウェーデンのような視点が必要なはずだ。

「ワーキングプア介護労働者」を量産したビジネスモデルは、自立した働き手を生み出すことも、税の担い手を増やすこともなかった。そして、アジアからの介護労働者の導入が始まりつつある今、それが、こうしたモデルを維持するための新しい「労働力」の補充の役割を果たすことを心配する声は少なくない。

公務パートの激増

「官製ワーキングプア」は、福祉だけでなく、さまざまな公務の分野に広がりつつあった。

「公務員は安定しているからいいよね」。〇六年、兵庫県加古川市の公立図書館で働いていた太田道子さん(仮名=三十七)は、利用者の言葉に絶句した。

二〇〇二年に勤め先の出版社が倒産した。本づくりにかかわってきた経歴を生かそうと司書の資格を取り、図書館を運営する団体の非正規職員になった。〇六年春、職場が市直営に変わり、市の臨時職員になった。正規職員と同じ時間、同じように働いていて半分以下だった年収が、百四十万円台へとさらに二割減った。しかも、契約期間は一年で、次の年はもう更新しないと言われた。しかし、仕事は引き続き次の年もある。

父は定年退職後にがんがみつかり、闘病しながら短時間の仕事をつないで働いている。母はパートだ。三人の賃金を集めて一家がやりくりしている状況で、二割もの減収は苦しかった。労組を作り交渉した。だが、契約は更新されなかった。今は別の公立図書館の臨時職員だ。

非常勤についていうなら、「公務員は安定している」どころではない。正規職員と同じ仕事をしながら、一年ごとに雇用の心配をし、その契約も行政の方針転換ひとつで打ち切りにされる。賃金は、フルタイムと同じように働いて年収二百万円台を割り込む。「資格も経験もある。仕事も継続してある。それなのに続けて働けない。仕事に熟練してきたら交代させられるのでは、住民サービスも悪化する」と、太田さんは言う。

太田さんのような事例は、いま各地の自治体で頻発している。財政難の中で、住民サービスへの要求は高まる。その穴を埋めるため、「公務パート」と呼ばれる低賃金の自治体非常勤職員は増え続けている。総務省の〇五年の調査では自治体の非正規職員は約四十五万人。だが、人数を毎年正確に把握する統計はない。非常勤職員の賃金は人件費としては計上されず、各部署のさまざまな費目の中から捻出されているからだ。

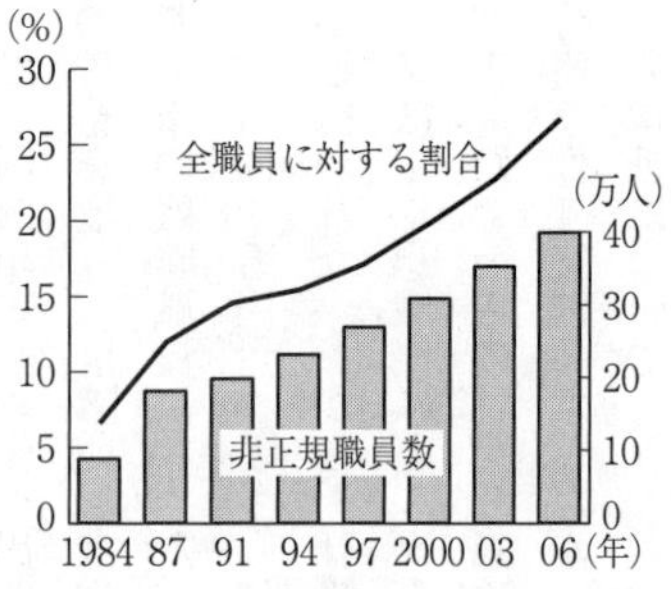

出典：「自治労組織基本調査」

図５　自治体における非正規職員数の推移

かつては、こうした非常勤職員が一年契約を二十回も更新して働き続ける例は、珍しくなかった。ところが、一般企業でパート社員から「同じような仕事で何年も契約を更新して働き、正社員とこれほど差があるのは不公平」との訴訟が相次ぎ、「何度も契約を更新して長く働かせた場合は、継続して雇うことを働き手に期待させた」として、期限のない正社員と同じ権利を認める判例が相次いだ。これを行政にも適用されることをおそれ、契約の更新を避ける自治体が目立っている。太田さんも、こうした動きのあおりを受けた。

契約期間の短期化による不安定さに加え、財政難の進行の中で、賃金も低下を続ける。自治労の調査では、その傘下の職場の非正規職員は〇六年度に約四十万人で、公務員の四人に一人にまで増えた(図5)。いずれも、保育士や年金相談員、女性センター職員など住民にとって、もっとも身近な行政を担うが、その平均年収は〇一年の約百八十万円から〇五年の百六十六万円に低下している。

「なんちゃって行政指導」

国家公務員の世界でも、非常勤が大きな比率を占めつつある。総務省によると国家公務員は、〇六年七月の時点で、常勤約三十万人に対し非常勤約十五万人。公務員削減で常勤が急速に減り、非常勤で埋めている形だ。

霞ヶ関のある官庁で働く非常勤の三十代女性の場合、日給は七千五百円で週三日勤務。月収は約九万円だ。勤務日数が短いため、国家公務員共済に入れず、「国民年金を月一万四千円払えば手取りはもっと減る。自宅通勤だからなんとかなるが、食べていけないとやめていく非常勤も少なくない」と言う。

低賃金の非常勤職員が、行政指導に近い仕事まで担っている場合もある。電話による一般市民からの問い合わせに回答したり、事業などの認可についての書類を作成して上司に渡したり、いずれも公務員試験を通った正規職員が行っている仕事だ。「電話での指導だから、向こうは顔も見えず、公務員が答えていると思っている。「なんちゃって行政指導」です」と非常勤職員問題にかかわる労組の担当者は苦笑する。

背景には、財政難による正規職員の定員抑制と、延長保育や図書館などの開館時間延長といった公的サービス拡大への住民の要望がある。地方公務員法では、非正規職員とは「一時的に雇う働き手」として定義されている(表1)。だが、財政難で定員が抑制される一方で、期待される住民サービスは増え続け、その穴を埋めるため、本来は例外的な存在だった非常勤職員が、脱法的に拡大解釈されて増えていったのだ。

非正規職員が「法の谷間」に置かれたことも、その立場を悪化させてきた。パート労働法は「民間企業の社員のためのもの」として、自治体は公務パートを対象外に置いてきた。育児・介護休業法も公務職場には適用されない。正規職員には代わりに公務員向けの育児・介護休業

表1　主な非正規職員とその根拠法

		根拠法	働く条件
自治体	臨時職員（一般職）	地方公務員法22条	緊急や臨時の職．任期は半年以内で更新1回．想定される仕事は事務補助など．
	非常勤職員（特別職）	地方公務員法3条3項	専門的技能を一時的に提供．任期は原則3年以内で更新は可能．校医や委員会委員など．
国	非常勤職員	国家公務員法，人事院規則15-15，閣議決定など	日々雇用は1日8時間を超えず，その他は常勤職員の週労働時間の4分の3を超えない．任期は半年を超えず，更新は省庁の内規による．事務補助など．

制度があるが、非正規職員は「正規職員ではないから」として、この制度からも外される。

千葉市の非常勤手話通訳の女性は、一年契約を更新して四年働き、育児休業を求めたところ、次の契約を打ち切られた。日本弁護士連合会に人権救済を申し立て、〇四年、育休を認めるよう救済勧告が出された。

自治体の正規職員で、長く非常勤パート問題に取り組んできた本多伸行さんは、「法律の趣旨からすれば、同じパートなのだからパート労働法に繰り入れるとか、同じ公務に携わるものなのだから公務員の育児休業制度を適用するとかできるはずなのに、非常勤の実態を認めたくないばかりに放置してきた」と言う。

社会保険への未加入も問題になっている。東京都江戸川区では〇六年まで、「正規職員の四分の三以上の労働時間、労働日数」という社会保険の加入資格を満たしても、臨時職員は未加入だった。労組の要求で区は加入を認めたが、新たな募集では、多くが資格を満たさない短時間パートに切り替えられた。

国の非常勤はさらに不安定だ。契約は一日単位の「日々雇用《ひびこよう》」で、期間は最長半年の省庁がほとんどだ。国家公務員一般労働組合は「国が率先して日雇いをしている。これでは官製ワーキングプアだ」と批判する。同労組の〇七年の電話相談には、一日単位で契約を打ち切れることをタテにとり、「お前たちはいつでもクビを切れると上司に脅された」との訴えもあった。

当時、天下りの禁止などをめぐって公務員制度改革の議論は盛んに行われていたが、こうした根幹の問題にはほとんどふれられることなく終わった。

非正規職員の待遇改善の試み

二〇〇七年九月一日、東京都荒川区で、同区職員労組や各地の非正規公務員の労組が、格差是正を求め集会を開いた。約百七十人が参加し、会場は人であふれた。

同区では、正規職員が二十年で三五％減り、非正規職員の比重が増す中で、〇七年度から「主任非常勤」や「総括非常勤」の区分を設けた。それまで賃金は一律月十六万八千六百円だったが、最高の総括非常勤で二十五万三百円まで引き上げた。研修や福利厚生、残業代なども認めた。

同区職員労組の白石孝書記長は、非常勤職員の一部を引き上げる新区分では全体の公正な取り扱いには不十分だとしつつ、「非常勤労組が各地に生まれ、報酬アップや残業代の満額支給などに取り組む自治体が出てきたのは前進」と話した。国も〇七年の人事院勧告に、非常勤職員の「職務の実態にあった適切な給与」の検討などを盛り込んだ。厚生労働省の幹部からも、非公式には「優秀な人が非常勤だからと低賃金で働くのは損失」との声が出ている。

二〇〇七年七月の参院選では、こうした非常勤職員たちの不満を背景に、民主党から立候補した相原久美子さんが当選した。相原さん自身も札幌市の非常勤職員として、年金相談の窓口で働いてきた。同僚には一家を担うシングルマザーもいたが、年収は二百万円程度で、子どもを養うのに苦労していた。窓口で住民の苦情を一身に受けて働いても、立場が弱い非常勤職員であるため、これを正規職員や自治体の上層部につなぐこともしにくい。苦情が仕組みの改善につながらず、住民はいらだつ。その結果、公務員たたきも起きる。

「公務員批判が不公正な非常勤職員制度の改善につながってくれればいいのですが、むしろ、公務員はラクをして高い賃金をもらっているとして、低賃金の非常勤職員の待遇引き下げにつながってしまうことも起きている」と相原さん。財政難の現状では、非正規職員を正規職員に転換するなどということも難しい。「せめて、同じ仕事なら同じ時給、恒常的な仕事を担うなら臨時ではなく期限のない雇用でと、仕事の実態に合わせた処遇がほしい」と話す。

非常勤職員の制度の歪みが問題になる中で、東京都港区や千代田区は〇八年四月から、勤続年数の長い非常勤職員に勤続給を導入することを検討し始めた。パート労働者の待遇向上をめざす改正パート法が同年四月から施行されたことや、景気回復基調で、非正規労働者の人手不足が顕在化してきたことをにらんだ措置だった。

国が「待った」

しかし、こうした盛り上がりに、国が待ったをかけた。〇七年秋、荒川区のほか、千代田区や港区など、非常勤の待遇改善に乗り出した区に、総務省から都を通じて、通達と指導が入った。「有期契約の非常勤職員に、長期雇用を前提とした勤続給を設けるのはおかしい」というのである。荒川区と千代田区は、「昇給は勤続給ではなく職務の熟練や職責に対する賃金」と説明して非正規職員の昇給制度を実現させた。港区は「検討を続ける」として見送った。

「官製ワーキングプア」批判が起きる中での「待った」だっただけに、総務省は、「待遇改善に反対なのではない」と弁明する。「非常勤は期限付き職員という原則を守ってほしかっただけ。そうでないと、公務員の定数制度が空洞化してしまう」というのだ。

背景には、東京都中野区の非常勤保育士をめぐる〇六年十一月の東京高裁判決があった。中野区は保育園の民間委託切り替えのため、区の保育園で何度も更新を繰り返して働いてきた非常勤保育士の契約を打ち切ったが、これについて高裁は、区に損害賠償の支払いを命じた。パート労働者の契約が終わったあと、これを更新しないで雇用を終わらせる措置は、「解雇」ではなく、ただの「契約終了＝雇い止め」とされる。ただ、前述のように、何度も契約を更新して将来も働けるという期待を抱かせていた場合は、正社員の解雇と同じように合理的な理由が必要、との判例がある。この判例は民間企業のパートのもので公務には適用しないとする判決も多いが、このときの判決は、民間での反復更新の場合と同等とみなせるほど違法性が強いとして、損害賠償の支払いを命じた。

だが、この判決は、非正規職員の待遇改善ではなく、契約の反復更新をやめさせる指導へと国を向かわせた。「契約を更新し続けると雇い止めができなくなり、定数抑制策が空洞化しかねない」という不安が、行政に広がったからだ。

東京都内で働く自治体職員らが加入する「東京公務公共一般労組」によると、都庁をはじめ、多くの自治体では、正規職員と同等の仕事なら待遇も近づけようという均等待遇の意味で、正規職員の定年にあたる年まで非正規職員の契約を更新し続けるようにしてきたという。ところが、契約更新回数を制限する動きが〇七年、各地の自治体で相次ぎ始めたのである。

公務パートの実態に詳しい伊田広行・立命館大学非常勤講師(社会政策論)は、「正規職員でも若手の賃金は安い。年功部分が大きいため、実際の仕事の負担度と賃金が見合っていない」と、仕事と賃金の乖離《かいり》を指摘する。「ここを正さず、非正規職員にしわ寄せしてしのごうとしたためワーキングプアが生まれ、職場の連帯も崩れ、サービスの質の低下も招いている。今の制度で働き続けてきて、生活設計をその制度をもとに立てている年輩正規職員たちの不安をやわらげるため、一定の年から新しく採用された職員の処遇を職務にあったものに改定し、十年、十五年計画でもいいから切り替えていけばいい」と提案する。

熊沢誠・甲南大学名誉教授によると、日本の公務員は人口百人あたり三・三人と国際的に少ないが、賃金は高めだという。そのため、安い非正規職員や外部委託に仕事が流れやすい構造にある。こうした構造では、正規職員が賃上げ要求をすれば非正規職員が増やされることになる。「労組も行政も、非正規職員を含めた仕事や賃金の再配分に早く取り組まないと、非正規のワーキングプア化と、正規の過重労働の二極化が、民間以上に進みかねず、ひいては公務サービスの劣化につながりかねない」と心配する。

こうした非常勤制度の矛盾に向き合うことなく、むしろ先送りするかのように進んでいるのが、事業の民間委託の動きだ。

競争入札のしわ寄せ

「入札ひとつで暮らしが崩れた」。千葉県流山市のゴミ収集会社の収集員(三十四)は〇七年春、十三年勤めた仕事を失った。

同僚三十八人も一斉に解雇された。市が〇七年度からゴミ収集業務の委託先を競争入札で決めることにし、新規参入の会社が従来の半値で落札したのだ。勤め先の会社は三十年以上の受託実績があり、入札でも価格を七〇%に下げたが及ばなかった。

病院の施設管理会社に仕事をみつけたが、年収は百万円下がり約三百万円に。子ども二人と住宅ローンを抱え不安な日々だ。

行政の効率化が叫ばれる中、〇六年に市場化テスト法が成立、官民が入札で競い合うことが可能になった。三位一体改革で地方交付税も減り、自治体の事業費削減に拍車がかかった。

そうした状況の中、働き手からは悲鳴が上がり始めている。

「やってもやっても賃金は下がるだけ。希望がなく士気も下がる。「女工哀史」を思い出す」

と話すのは町野美根子さん(四十四)だ。大阪市内の公立病院の事務受託会社で働くシングルマザーだ。三~五年ごとの競争入札で委託価格が下がり、この三年では二割低下。委託費削減は人件費にはねかえる。労組役員として交渉し、平均月収十八万円は維持したが十二万円台の社員も多い。

賃下げと雇用不安の両方に直面したのは、神戸刑務所で働く管理栄養士(四十四)だ。〇七年春、競争入札で委託先が変わり、同じ仕事で会社を移った。時給は千五百円から千百二十円になった。さらに、刑務所の管理職の指示に反論したら「職場の和を乱す。違う人を」と委託元に要請が来た。「事実上の解雇」だ。「刑務所が指示するなら委託ではなく派遣。偽装請負だ」と兵庫労働局に申告し、同年十二月、指導が入った。「公務員を増やせず、指示が必要な仕事も委託する矛盾が表れた」と管理栄養士は話す。

「大黒柱」が支え

民間委託の成功例はないのだろうか。

二〇〇七年十二月、民間委託の成功例とされる愛知県高浜市を訪ねた。同市は、九五年に市が一〇〇%出資して業務委託会社「高浜市総合サービス株式会社」を設立、窓口事務などを任せている。現在、市の正規職員百十一人に対し委託会社の社員は百八十九人。正規職員の半分程度の賃金で、約四億円の人件費節約になるという。

だが、市民からも歓迎されているという「成功」の秘密が、取材するうちにわかってきた。委託社員は世帯収入を稼ぐ夫のいる、家計補助目的の女性が多い。中央と地方の格差が広がる中で、仕事がなくて困っている地域は多いが、同市では「トヨタ関連の企業が元気で、生計の中心になる働き手は仕事を見つけやすい」と、同社の深谷直弘総務課長は言った。〇七年当時はトヨタが堅調だったため、世帯主男性の失業がない高度成長期のころのようなライフスタイルがまだ健在だった。その結果、ボランティア的な働き方でも困らない働き手がたまたま潤沢な地域だったのだ。

だが、自治労アドバイザーの小畑精武さんによると、自治体の業務委託で働く人の多くが生計を担う立場だ。にもかかわらず、働き盛りの三十~四十代の平均賃金は生活保護費と同水準だ(表2)。小畑さんは「競争入札だと、市場原理を理由に賃金交渉なしで簡単に賃下げができる。世帯主のワーキングプアを生み出しかねない」と心配する。

公共サービスの委託に詳しい尾林芳匡弁護士も「民間委託では、委託された側が利益の上がる部分にばかり集中し、弱者への対応がおろそかになる心配がある。長期的には納税者にマイ

表２　地域の公共サービスで働く民間労働者の賃金

職種など	月賃金	年間賃金	条件
環境衛生関係	26万4400円	444万1800円	平均44.4歳 勤続16.8年
高齢者介護	22万8463円	369万0556円	平均43.4歳 勤続 9.9年
ホームヘルパー	19万8800円	276万1700円	平均44.1歳(女性) 勤続 4.9年
学校給食	18万7000円	291万7000円	平均45.8歳 勤続13.5年
保健・医療事務	16万0000円	269万6000円	平均33.9歳 勤続 7.4年
生活保護費 (標準世帯,3人)	22万9980円 (支給額)	277万3940円 (支給額)	男33歳,女29歳, 子4歳(東京23区, 大阪市内など)

注：年間賃金は一時金や期末一時扶助を含む.
出典：ホームヘルパーは2005年度厚生労働省調査，他の職種は2005年12月〜06年3月自治体調査.

ナスです」と話す。

二〇〇六年、少女の死亡事故が起きた埼玉県ふじみ野市の市営プールも、施設管理は競争入札による民間委託だった。市の事故報告書によると請負金額は〇一年度から低下し、〇六年度は六割近くに落ち、安全点検も業者任せだった。

業務委託を評価する見方もある。三菱総研の山田英二主席研究員は「民間委託は公務に適正な競争を導入し、適正価格でサービスを提供するためのもの」と話す。委託会社の労働条件が悪いと労働者が転職してしまうので、賃金はやがて適正水準に落ち着くという。だが、「適正水準」に落ち着くまでの働き手の生活はどうなるのか。これに対し、山田研究員は、「最低賃金の見直しや、転職しやすい労働市場の整備が前提」と答え、今のままの制度の下での委託には歪みが出る可能性を認めた形になった。

公契約条例の動きも

こうした傾向に対して、見直しの動きもある。栃木県野木町は〇七年春、業務委託の保育士を、一年契約の嘱託だが直接雇用に切り替えた。保育士らが「保育所の指示で動くので、実態は委託ではなく派遣」と交渉。すでに述べてきたように、労働者派遣法では、法定の雇用年限を過ぎて派遣労働者を雇えば、派遣先が直接雇用を申し入れることが義務付けられている。この規定をもとにした措置だった。労組によると、以前の月収は約十三万円で、一人あたりの委託額の半分以下しか働き手に回らなかった。しかし、委託会社の取り分がなくなったため、月収は約十七万円に増え、「町の負担も軽くなったはず」と労組は言う。

大阪府豊中市は〇七年度、清掃業務などの競争入札で、価格以外の要素を考慮する総合評価方式を導入。評価項目に、「落札会社が変わっても働き手を引き続き雇うか」なども加えた。プール事故のあったふじみ野市も〇八年からこの方式を導入している。

東京都国分寺市は〇七年七月、モノや人、サービス調達の基本指針を決め、労働関連法の順守や「適正な労働条件と賃金水準の確保に努めること」を盛り込んだ。「公契約条例」の制定の動きも始まった。業者と契約を結ぶ際に、公正な労働や男女共同参画などの実現に努めることを業者に求めるものだ。

兵庫県尼崎市では〇七年、公契約条例を求める陳情があり、労組と議員による勉強会が開かれた。経営側から勉強会に加わったゴミ収集委託会社の取締役、野田幸男さんは「自治体のコスト削減に協力してきたが、もう食べられない。働き手が誇りを持って働ける仕組みが必要だ」と話している。

人々の暮らしに直結する福祉などの分野から手をつけた財政削減は、人の役に立つ喜びを味わいながらまともに暮らせるはずだった公的サービス分野に、大量の「ワーキングプア」を生み出した。リーマンショック後の大量解雇の雇用対策として、政府は人手不足の介護業界への誘導を掲げ、自治体は救済策として非正規職員の仕事を用意した。だが、そこにあるのは、切られる前の派遣の仕事と同じくらい、ひょっとしたらそれ以上に、不安定な「働いても貧困」の世界だ。

これを「お役所仕事」と笑ってはいられない。同一価値労働同一賃金を避け続けて正規と非正規の格差を広げ、不安定でものを言いにくい働き手に歪みをしわ寄せし、住民や消費者との情報のパイプをふさぐ――。この手法は、これまで見てきた民間企業に相似形といっていいほど似ているからだ。そんな労働現場の崩壊は、非正社員だけでなく、「勝ち組」といわれる正社員層にまで及び始めていた。

第5章
「名ばかり正社員」の反乱

「名ばかり管理職」問題の集会で挨拶をする日本マクドナルドの店長・高野広志さん. 左端はコンビニチェーン「SHOP99(ショップ キュウキュウ)」の元店長・清水文美さん(2008年5月19日　東京都文京区　写真提供＝共同通信社)

十年社員が新人並みに

二〇〇八年、パートや派遣労働者などの「非正社員」は、三四%となった。雇用とは、職場の担い手を活かし、その賃金で生活を安定させ、消費に貢献してもらい、さらに経済を活性化させる、というものだったはずだ。その機能をほとんど満たしていないような働き方で働く人が、いまや五人に二人近くになったということだ。だが、一方の安泰なはずの「正社員」たちも、非正社員の急増によって大きく変質しつつあった。

「入りたての新入社員と同じ等級じゃないか」。〇七年、都内の大手電機メーカーの副主任、山川賢さん(仮名=三十七)は、上司に降格を言い渡され、耳を疑った。大学を卒業して勤めた中堅電機メーカーから、合併で今の会社に移った。顧客からの製品への苦情や質問を電話で受け付け、解決する部署で十年間働いてきた。「これまでの経験も熟練も、ゼロ評価なのか」。怒りがこみ上げてきた。

二〇〇五年、山川さんは評価のための個人面談で、突然、退職勧奨を受けた。断ると、「会社が求める目標に達していない。改善研修を受けてほしい」と言われた。

周囲ではサービス残業が横行していたが、山川さんは、違法ではないかと疑問を感じ、実働時間に近い労働時間を申告していた。会社から部下の残業時間を減らすよう言い渡されていた上司は、山川さんが残業しないよう仕事量を減らした。評価は下がったが、おかげで早く帰れるようになった。疲れ果ててどす黒い顔になっていた同僚は、「仕事が減るならオレも評価を下げてほしい」と恨めしそうに言った。だが、ほとぼりが冷めるとまた仕事が増え、残業が増える。

実際働いた時間に近い時間を申告する山川さんの姿勢は、研修では「改善点」として、「残業が多い割に要求される解決件数に達していない」と指摘された。顧客の疑問に親切に対応しようとじっくり話を聴いていたことについても、「顧客から事情を聴く時間が長いことも改善点だ」と言われた。こうした改善点を受け入れて、山川さんはその後、解決件数を増やすよう努力した。すると今度は「仕事が雑だ」と言われ、〇六年も二回の研修を受けた。〇七年に四度目の研修を求められ、その後に言い渡されたのが、「新人と同じ等級への降格」だった。

改善点を拾い出しては研修を受けさせ、研修を何度も受けたことを理由に降格する。「成果を上げてほしいのではなく、降格して自主退職に持ち込むのが目的なのか」と思った。背景には、会社の経営方針の変化があった。

効率経営の内実

同社で効率経営が叫ばれ始めたのは、バブル崩壊後の不況が深刻化した九〇年代末ごろからだ。「貢献が不十分」とされた社員の見直しと整理が、管理職の達成目標として求められた。評価が下から一〇%の社員は「ボトム10《テン》」と呼ばれて、退職や子会社への転籍を勧められる。子会社に移れば、年収はほぼ半分になる。退職勧奨を断れば、以後、賃金が横ばいになる。一方、上位一〇%の社員は「トップタレント」と呼ばれる。数年前、それまで一定額以下に抑えられていた成果給の部分が無制限に上げられる賃金改定もあった。そんな中で、「トップタレント」の中には数千万円の年収がある人もいると聞いた。会社の胸先三寸で、賃金がすさまじく伸縮する仕組みへの切り替えだった。

業績は好調なのに、退職勧奨や降格の話があちこちから聞こえてきた。社長は、米国の本社の経営方針に合わせて「最適な効率」を保つため一定の社員を常に入れ替えていく「リシャッフル」方式を目指していると、社内ではささやかれていた。

減らした正社員の後は派遣社員で補充し、やがて所属部署の正社員は五分の一に減った。派遣社員を増やしても正社員固有の仕事は残っているため、正社員一人当たりの負担は重くなったが、目標を達成しても昇給はしなかった。会社が「成果を上げた」と認めなければ、昇給の対象にならないからだ。その結果、正社員のほぼ半分は賃金を据え置かれた。

また、正社員の数が絞られたため、サービス残業が増え、同僚の中には「土日も寝ているだけ」「頭がはっきりしない」「能率が上がらない」という声が出るようになった。残業時間は出退勤時間を社員が鉛筆による手書きで表に書き込む。電機メーカーの中には、過労死防止のため、自動的に出退勤を記録して実働時間をつかむシステムを開発し、社内でもそのシステムを利用しているところもあったが、山川さんの会社はそんな動きには無関心だった。

実働時間を申告すれば「生産性が低いから長く働いている」と評価を下げられる。そのため、同僚たちは、自主的に短い労働時間を申告する。とはいえ、サービス残業をいくらこなしても評価が上がるわけではない。上司には退職や転籍の対象者をつくるノルマがあるらしく、長時間働いても「ボトム10」に仕分けされ、退職を勧められる人が出た。

そんな会社のやり方に、山川さんは逆にファイトを燃やした。降格で減らされた賃金を、残業を正確に申告して取り返した。

会社は、上司への評価制度も導入していた。上司は「低い評価をすると他の部署からやる気のないチームと思われる」と、低い評価をつけないよう部下たちを牽制した。同僚たちは腹に据えかねて、一斉に上司に低い評価をつけた。それでも、その上司は昇進した。

「目標を達成しても賃金は現状維持、達成できなければリストラで、士気は下がる一方だ。下からの声を吸い上げると称する制度も形骸化し、やっていることは人件費減らしだけ。これが効率経営なのか」と山川さんは首をかしげる。かつて人気企業のランキング入りを続けていたこの会社は、ここ数年、ランクから姿を消した。会社は取材に対して、「社員に対しては適正な評価をしている」と話す。

年三千時間働いて三百万円

雇用保障の代名詞のような「正社員」だが、非正社員急増の下で当たり前になった「働き手は使い捨てでいい」という発想は、正社員の職場まで変えつつある。「肩書きは正社員でも実態は使い捨ての「なんちゃって正社員」が増えている」と、首都圏青年ユニオンの河添誠書記長は言う。

二十四時間営業のコンビニチェーン「ＳＨＯＰ99」で働く清水文美さん(二十八)が、同ユニオンに駆け込んだのは、〇七年のことだ。高校を卒業し、フリーターを続けていたが、フリーターが「ワーキングプア」の温床になっていると聞き、将来が不安になった。安定した正社員になりたい、と就職雑誌やハローワークなどで仕事をさがすうちに、〇六年秋、同社の「正社員募集」を知った。「これで正社員になれる」と、うれしかった。だが、そんな安心は束の間のことだった。

最初は店長の下で正社員として働き、入社九カ月でいきなり店長になった。「店長」の響きが少しうれしかった。だが、入社から一年の間に次々と異動命令が出て、六店舗を転々とさせられた。どの店も、正社員は店長だけで、後はパートとアルバイトだった。就業規則では勤務は午前八時〜午後五時とあったのに、夜勤のバイトが集まらないときは店長が穴を埋めろといわれ、二十四時間連続で働いて数時間帰宅し、また出勤ということも少なくなかった。

店のパソコンに記録された清水さんの労働時間は、入社した翌月の十月が一八三・五時間、十一月は二〇〇・五時間、十二月は一九二・七五時間、〇七年一月は二二〇・五時間と、毎月二百時間前後。パートやアルバイトが見つからなかった同年五月は二一一時間、六月は三〇三時間、八月は三四三・五時間と三百時間を超える月も続出し、年三千時間を超えた。それでも年収は約三百万円。父母の家に同居しているからこそやっていけるが、一人暮らしで家賃を払ったら、食べていけない。

実態の通りに残業代が出ればそんな賃金ですむはずがない。だが、会社は「管理職には基本給と管理職手当てを支払うことになっており、手当てにすでに残業代が含まれている」と言うだけで、働いた分の残業代は払ってくれなかった。

こうした労働条件に、周囲の正社員の半分程度が、毎月やめていく。〇七年春には、「目標未達なら賃金を下げる」との成果主義導入案が出た。とたんに大量退職が出て、会社は案を撤回したと、先輩店長から聞かされた。

頭が働かなくなり、いつもぼうっとしている日々が続くようになった。〇七年秋、勤務の合間を縫って病院に出かけ、「過労によるうつ病」と診断され、休職に入った。首都圏青年ユニオンに相談し、未払い残業代を求めて会社と交渉を始めた。しかし、納得のいく回答はなく、〇八年、東京地裁に提訴した。この間の事情について会社の言い分を取材したが、会社側は「係争中なのでコメントは控えたい」と答えるにとどまった。

清水さんの例は、「店長」であることを理由に残業代も払わずに長時間労働を強いる「名ばかり店長」の典型例として、広く報道された。「名ばかり店長」が注目されたのは〇五年、日本マクドナルドの四十代の店長、高野広志さんが、極端な長時間労働に体を壊し、家族生活まで損なわれたとして、会社を相手取って訴訟を起こしたことが発端だった。「店長だから」と休みも十分とれず、息子に「お父さんは、ボクが死んでも葬式に出られないね」と言われたことが、高野さんの背中を押した。

労働基準法では「管理監督者」は労働時間規制から除かれるとされている。「管理監督者」とは、会社の役員など経営に近い立場で働き、その分、高収入を保障され、自分で労働時間を管理できる働き手のことだ。こうした働き手は自分で出退勤を左右できる権限を持っているため、労働時間規制から除くという趣旨だ。これが、「管理職は労働時間規制の対象にならないので残業代は払わなくていい」と拡大解釈され、働き手に管理職の肩書きを与えることで残業代の節約と無制限の長時間労働を求める会社が相次ぐことになった。清水さんの例は、これまで働き盛りを対象にしたコスト削減策といわれていた「名ばかり店長」が、入社早々の若者の労働コスト削減にまで利用されている実態を、浮かび上がらせた。

病気をしたら終わり

正社員は病気休暇などの保障がしっかりしている、といわれてきたが、これも一部で危うくなっている。

外食チェーン店の店長だった岩井辰夫さん(仮名=四十四)は、店での長時間の立ち仕事がたたって足腰を痛め、〇六年、配置換えを会社に求めた。長時間労働でうつ病も併発したが、会社は「店長採用者を他の部署に移すのは難しい」と難色を示した。個人加入できるユニオンに入って会社と交渉した結果、会社は事務部門に小さな机を設けたが、店長たちには「例外的な措置」と説明。賃金も三割下がりボーナスはゼロになった。

そんな環境の中で、社内では〇七年暮れ、過労で体調を崩すなどして、ボーナスを受け取ってからやめる店長が相次ぎ、急な人手不足になった。一人当たりの労働時間がさらに延びる悪循環も起きた。

「『正社員』として募集しても、病気になったときの受け皿がなく、体を壊したらやめるしかない。店長たちはそういう仕事だとあきらめて黙ってやめていく。休めないから体調が悪化して長期の休養が必要になり、そうなったときには休養の場がない。そんな職場でがんばれと言われても、だれも安心してがんばれなくなる」と、岩井さんは言う。

病気になるほど過酷な労働を強いられながら、月収を労働時間で割ったら、最低賃金以下となった正社員もいる。

二〇〇七年四月、東京地裁。全国展開する外食チェーンのフランチャイズ店の元店長、石田一郎さん(仮名=四十二)は、生まれて初めて法廷に立った。〇六年七月に退職し、未払い残業代や慰謝料を求めて経営者を訴えた。「管理職とは名ばかり。安く使うための方便だったのでは」。石田さんはつぶやく。

長く勤めていた大手ホテルから、二〇〇〇年に転職した。親に代わって育ててくれた郷里の祖母の体が弱ってきた。いずれは戻って、祖母の面倒をみたいと思った。地方は仕事が少ないが、全国チェーンでノウハウを得れば、地元に店を出させてもらえるかもしれない。そんな夢を抱いたからだ。

同じ経営者によるフランチャイズ店は都内に二店舗あった。〇三年に、その一つの店長になった。店長なのに、店員の採用は経営者の許可が必要だった。会計報告も毎夜、経営者にファックスやメールで送って指示を受ける。二〜五人のパートやアルバイトに指示し、自身も接客、調理、食材の仕入れ、会計をこなす。〇五年からは弁当の宅配サービスも引き受けさせられた。

朝は九時半に店に出て午前二時半まで働く。代わりの働き手がいないため、店長になって三年間休みはゼロだった。労働時間は月五百時間に達したが「管理職だから」と残業代はない。一万円の店長手当を入れても月収は約三十三万円、時給換算すると六百円台で、〇六年当時の東京都の最低賃金七百十九円を下回っていた。

「オレは機械じゃない」と思った。

過労と睡眠不足で不安が強まり、不眠症とうつ病になった。経営者は四十代の男性で、気に入らないと店の裏で頭突きをしたり、カウンターの陰で足をけったりした。怖くて逆らえなかった。

二〇〇六年四月、祖母が脳梗塞《のうこうそく》で倒れた。看病のため休みをとったら、「やる気がない」と店員に降格された。祖母の葬儀で帰郷すると経営者は追いかけてきて「二、三日で戻れ」と胸ぐらをつかんで脅した。「もう我慢できない」と退職、訴訟に踏み切った。

全員に管理職の肩書き

「管理職」のラベルを貼ってしまえば、非正規社員以上に使い勝手のいい正社員のできあがり——。労働基準法の拡大解釈は、あちこちで便利に利用されている。

四十代の管理職の男性が働いている、関西にある中堅のサービス関係の会社では、入社四、五年で全員が「責任者」や「リーダー」になる。

肩書きがつくと、年俸制になり残業代が出ない賃金体系だ。肩書きがついても、役員以外は役職給もない。それなのに労働時間は長い。だから、非管理職のほうが時間あたりの賃金が高くなる。それで、すぐに肩書きをつける。「人件費減らしとわかっているが、社長はワンマンで労組もない。みんな黙って働いています」。

日本に参入してくる新興の外資系企業でも、こうした人件費節約法は、より露骨に活用されていた。都内の老舗の外資系企業で管理職だった中川雄一さん(仮名＝三十九)は〇五年、新興の外資系ＩＴ企業のマネジャーに転職した。「年収は二、三割アップ。会社が大きくなれば部門を率いる地位に」と誘われ、夢の転職が果たせると思った。

だが、入社してみると、社員は全員マネジャーなどの肩書き付きだった。厳しい納期でプロジェクトを任され、午前一時、二時まで働いたが、「管理職だから」と残業代は出ない。終電を気にせず働けるようにと、遠くに住む社員は会社が引っ越し代を負担して、職場の近くに転居させられた。

取引先の日本企業に出向いたとき、「組織図をください」と言われた。組織図を見せると、相手は、「この図で権限を持っているのはだれですか?」と聞いた。外資系は役職が多すぎて権限の所在がはっきりしないことが知れわたっていて、本当に決定権のあるポストはどれかを確かめてから商談をしようということだとわかった。

解雇も頻繁で、ある日突然、同僚が消える。「管理職に」と誘われれば、だれでも悪い気はしない。すぐ空きの出る人員を補充するために、管理職の肩書きは最高のエサだ。加えて、不満があっても、「管理職が労働争議なんてみっともない」と見栄で泣き寝入りする人が多いから、解雇も簡単だ。「管理職」の肩書きは、身軽に進出・撤退を繰り返すＩＴ企業にとっては、「打出の小槌」のようになんでもかなえてくれる道具なのだと思った。

会社との関係がこじれ、中川さんも〇六年暮れに解雇された。「東京管理職ユニオン」をたずね、そこで「管理職の肩書きがつけば残業代はいらない」というのは誤解だと知った。その後、〇八年には、日本マクドナルドの高野さんの訴訟について東京地裁が、「店長は管理監督者にあたらない」として、高野さん勝訴の判決を出した。

そんな中で中川さんの耳に入ってきたのは、一定以上の年収の働き手を労働時間規制から外して残業代を払わない「ホワイトカラー・エグゼンプション」という制度の導入が検討されているという情報だった。「管理職の肩書きだけでは残業代は節約できないことが知られ始め、別の打出の小槌が必要になったのかも」と、中川さんは苦笑いした。

ホワイトカラー・エグゼンプション

中川さんが耳にした「ホワイトカラー・エグゼンプション」は米国の制度だ。「ホワイトカラーは肉体労働者と違って知的労働のため、その成果は何時間働いたかで測れるものではない」として、専門職やビジネスマン、店長などを労働時間規制の適用除外にする規定を設けた。

これが「ホワイトカラー（事務職）・エグゼンプション（除外）」だ。だが、ガソリンスタンドのスタッフまでが除外職種に含まれるなど、そのあいまいさは米国でも問題になっている。〇四年、この制度を日本にも導入しようと小泉純一郎内閣が決め、さらに経済界が働きかけを強めたことから、「日本型ホワイトカラー・エグゼンプション」は大きな論議になっていった。

二〇〇五年六月、日本経団連は、ホワイトカラー・エグゼンプションの導入を求める提言を発表した。この中で「（肉体労働ではない）ホワイトカラーは「考えること」が一つの重要な仕事」と述べ、だから「職場にいる時間だけ仕事をしているわけではない」として、一定の業務に就いている年収四百万円以上の働き手を労働時間規制の適用から除くことを提案した。

先に述べたように、「管理監督者」に残業代を適用しないのは、ほぼ経営と一体で、自力で時間管理ができる立場の働き手だからだ。だが、年収四百万円といえば、会社に入社して数年のチームリーダーから上はほぼあてはまってしまう。提言では、この制度は経済のグローバル化や業務の二十四時間化に対応したものとされていた。しかしこれでは正社員のほとんどに、残業代なしで好きなだけ深夜労働をさせることができるようになると、労働界に衝撃が広がった。これが通れば、管理職の肩書きさえつける必要がなくなる。

働き手の健康と生活の両立のため、日本の労働基準法では、一日八時間、週四十時間労働が原則とされている。だが、日本は、一日八時間労働を規定しているＩＬＯ一号条約を批准していない。労基法三十六条で、労使が協定を結べばかなり無制限に一日の労働時間を延長できると規定されていることもあり、批准の要件を満たしていないからだと厚生労働省は言う。終身雇用を維持するために、忙しい時期には正社員が長時間残業して一定のメンバーだけで会社をやっていけるようにとの目的からこの条文ができたといわれ、この協定は労働用語で「三六協定《サブロク》」と呼ばれる。

だが、日本社会では、正社員の無制限に近い残業だけが残り、働き手の雇用を終身維持する制度は姿を消しつつある。そんな中で「一定収入以上の働き手を労働時間規制から外す」という規定を導入すれば、何時間働かせても違法ではなく、人件費にも響かないことになる。日本企業の長時間労働体質は一段と野放しになりかねない。

労働時間の規制緩和

二〇〇三年以降、武富士、中部電力、日本郵政公社と、労働基準監督署から残業代の未払いで指導を受ける大手企業が続出していた。指導後に払われた賃金の合計額は、〇三年度に約二百三十八億円、〇四年度は二百二十六億円にのぼった。労基署の指導がなければ、この賃金に見合う労働時間が「サービス残業」になっていた計算だ。

こうした取り締まりを、日本経団連は〇四年暮れに発表した「経営労働政策委員会報告」の中で、「行政による規制的な指導は、労働者の自律的、多様な働き方や生産性向上、日本企業の国際競争力の維持・強化の阻害要因となりかねない」と批判した。違法行為を反省するどころか、指導が悪い、と居直った形の批判に厚労省も八日後、「使用者が適正に労働時間を管理すべきことについては、労働基準法上当然の義務」と文書で反論した。

八時間労働はすでに、裁量労働制など八〇年代に次々導入された労働時間の規制緩和で、大幅に崩されつつあった。裁量労働制は当初、デザイナーや研究者など働き手の裁量に任せた方が効率のいい職務の働き手に限って導入されたが、これが「企画労働型裁量制」として普通のホワイトカラーにまで広がった。「成果主義」も広がり、労働時間にかかわりなく成果を上げるまで働くことが当たり前のようになりつつあった。

当時、政府の労働時間問題の審議会で労働側委員を務めていた「自治労全国一般評議会」の田島恵一・特別幹事は「労働時間の規制緩和はもう十分過ぎるほど進んでいる。ホワイトカラー・エグゼンプションの導入は人件費減らしのための長時間労働をさらに広げることになる」と、反対を表明。日本労働弁護団なども「日本型ホワイトカラー・エグゼンプション」と名付けて、反対運動に乗り出した。

厚労省の研究会が出した〇六年一月の報告では、年収の水準が「相当程度」高く、自分の裁量で働ける働き手なら残業代なしでもよい「新しい自律的な労働時間制度」が提案された。「四百万円以上」への反発の盛り上がりに、厚労省幹部が非公式な場で、「年収一千万円以上や九百万円以上程度なら適用してもいいのでは」と妥協案を打診する場面もあった。この年、米国企業の日本法人などが加入する在日米国商工会議所や米国政府の対日要求にも、ホワイトカラー・エグゼンプションの導入が盛り込まれ、日米経営陣の大合唱が始まったように見えた。

だが、労働側からの反発は強かった。労働弁護士たちは、「無制限に残業させ、過労死を誘発する仕組み」として「過労死促進法」という呼び名をつけて問題性をPRし始めた。過労死問題に取り組んできた川人博弁護士は、サービス残業を摘発された結果、その合法化へ向けて法制度を変えようとしている経済界の姿勢を批判し、「泥棒を責められて謝るどころか、法律を変えて泥棒じゃないことにしてしまうようなもの」と批判した。マスメディア各社もネーミングを競い、『朝日新聞』は、「残業代ゼロ労働」の呼び名を考案。「残業代不払い法」「労働者無制限使用可能サービス」との呼び名も飛び出した。

日本の正社員の多くは、残業代込みで家族を養う賃金を稼ぎ出す働き手だ。「残業代ゼロ労働」の呼び名はこうした層の危機感をあおり、〇七年、法案提出は見送りに追い込まれた。

その年、新しく就任した舛添要一厚労相は、仕事が終わったら自由に帰れる仕組みのはずなのに、「残業代ゼロ労働」などというイメージの悪い言葉によって誤解が広がったとして、早く帰って家族団らんを楽しむ「家族団らん法」としてはどうかと提案した。ブログには「実にとぼけた名称変更」「残業代ゼロ＝収入が減る＝家族の家計が切り詰められる、なのに、どうして「家族団らん」なのでしょうか？」といった失笑めいた批判が飛び交った。労働時間規制を外せば無制限な働かせ方が待っている企業社会の現実を、働き手たちは体験から知っていたからだ。

若者に広がる「名ばかり正社員」

ホワイトカラー・エグゼンプションはいったん見送られたが、使い捨て型正社員の広がりはなお続いていた。その広がりについて、昭和女子大学の木下武男教授は、非正社員が急増し会社の柱となった結果、そのまとめ役として、非正社員のすぐ上に位置する忠誠心のある新しい正社員層が必要になったことが原因と見る。

非正社員層は、急に休んだり、仕事に十分なだけの数を確保し切れなかったり、変動が大きい。その穴を自らが働いて埋めつつ労務管理もするのが、安い長時間労働の正社員層である。軍隊で言えば、兵卒をまとめる「鬼軍曹」の役割で、こうした「名ばかり正社員」を、木下教授は「周辺的正社員」と呼ぶ。従来型の終身雇用を保障された正社員と、使い捨て型の「周辺的正社員」の二層化が起きているとの見方だ。

幹部候補生としての大卒社員と、大量採用したその他の大卒社員という二種類の正社員は、以前から存在した。花王の副社長や経済同友会の幹事を務めた渡辺正太郎さんによると、製造業では、多数の工場ブルーカラーの上に君臨する、意思決定にかかわる少数の大卒社員が「ホワイトカラー」として採用されてきたが、銀行や小売業などのサービス産業では、高度成長期にこれとは異なる大量採用型の大卒社員を採り始めたと話す。営業部隊などで活躍するこうした大卒社員は、完全に意思決定にかかわる層とも言えないことから「グレイカラー」などと揶揄的に呼ばれることもあった。だが、経済のパイが拡大していたこともあって、これらの社員にも雇用保障や福利厚生、ある程度の昇進は保障されていた。

ところが、パイが縮小するなかで、会社は正社員を、非正社員のリーダーだが雇用保障は弱い「周辺的正社員」と、経営に携わる「幹部候補正社員」とに分け、正社員としての保障にも大きな差をつけ始めた。周辺的正社員には、「正社員なんだから」と、サービス残業や過度の忠誠心を求めつつ、雇用保障や賃金については非正社員の労務管理で培った使い捨て的な方法を適用する。「いいとこどり」による人件費の調整弁である。

バブルの時代、人材会社のリクルートは「フリーター」というネーミングを考案し、「自由な働き方」のイメージを振りまいて非正社員市場を開拓した。だが、そのフリーターは、今ではワーキングプアの温床として忌避され始めている。そんな中で、「正社員」の肩書きなら人が集めやすいという募集上の利点もある。

だが、そこには大きな落とし穴が控えている。まとめ役は本来、組織の要だ。「にもかかわらず、これを調整弁として利用し、成果主義や人件費削減の負担を集中させたことから、大量退職や士気低下が相次いでいる。下士官の反乱です。これでは組織はもたない」と木下教授は懸念する。「名ばかり正社員」の広がりは、便利なように見えて、会社経営を揺るがし企業活動を衰退させる要素をはらんでいるということになる。

正社員の労働条件の劣化

バブル期以前に入社した正社員は、正社員を一括処遇した高度成長期のころの人事管理の名ごりがあり、「名ばかり正社員」の比率はまだ少ない。「正社員」劣化の今後は、新しく入社してくる層、つまり、若者世代を見ることではっきりしてくる。

二〇〇八年の六～八月、若者による若者のための労働相談や労働教育を目指すＮＰＯ「ＰＯＳＳＥ」は、渋谷や下北沢などの若者が集まる都内四カ所の街頭で、十八～三十四歳の既卒労働者に聞き取り調査を行った。

「名ばかり正社員」の広がりが若い世代でどの程度進んでいるかを知るための予備調査として行われ、若者の労働に詳しい東京大学の本田由紀准教授の協力で分析した。

この調査では、「定期昇給とボーナスがあること」を従来の正社員の特徴と位置づけ、両方を備えている正社員を「中心的正社員」、どちらかを備えていない正社員を「周辺的正社員」（つまり「名ばかり正社員」）と分類した。回答した四百九十人のうち正社員は二百七十三人で五六％。うち、中心的正社員百五十人（三一％）に対し、周辺的正社員は百二十三人（二五％）と、かなりの比率にのぼっている。

労働時間が週六十時間以上の割合は中心的正社員では二六％だったが、周辺的正社員は三八％。一方、月収二十万円以下は中心的正社員が一九％、周辺的正社員は五三％。長時間働いているのに賃金は安い周辺的正社員の実態が浮かんだ。

仕事量が多い、いじめがあるなど「若者を使い捨てる空気」についても、周辺的正社員は強く感じている。「ある」「ややある」と答えた中心的正社員は二〇%、パート・アルバイトは一九%、派遣社員などの他の非正社員は二三%だったが、周辺的正社員は二六%にのぼっていた。「残業代不払いなど職場の違法状態」は、全回答者の五〇%が体験していたが、うち七六%は問題解決に「何もしなかった」と答えた。一方、「いますぐ転職したい」「いずれしたい」は合わせて六割以上で、転職に解決を求める傾向がわかった。

そんな中でも、回答者の七六%が仕事に対して「やりがいをとても感じる」「やや感じる」と回答。周辺的正社員でも八〇%がそう回答し、中心的正社員（八一%）とさほど変わらなかった。やりがいの内容は、中心的正社員は「スキルの向上」（六五%）、周辺的正社員は「夢に向かっている実感がある」（三八%）が多かった。周辺的正社員が、使い捨て型の働かせられ方を「夢」などの抽象的なやりがいで乗り切ろうとする姿が浮かんだ。

POSSEの今野晴貴代表は「特定地域での調査だが、「名ばかり正社員」的な働き方が広がっている状況は裏付けられた」と話す。「若者は「すぐやめる」と批判されがちだが、正社員として雇われても使い捨て的な扱いを受け、「やりがい」や転職に救いを求める例が少なくない。転職せず労働条件を改善できるよう、ユニオンなど「ノー」と言える支えを広げる必要がある」。

労働政策研究・研修機構の調査では、正社員と非正社員との賃金格差は縮まる傾向を示している。だが、それは、非正社員の待遇改善というより、「名ばかり正社員」の蔓延などによって正社員の賃金水準が下がり、非正社員の水準に引っ張られる形で下方修正されていったからだ。正社員は、非正社員の広がりをよそごととして見がちだが、働き手の標準が非正社員へとシフトする中で、正社員は限りなく非正社員の労働条件に近づきつつある。

正社員劣化説に疑問を投げかける見方もある。〇八年十月に開かれた「氷河期世代ユニオン」主催のシンポジウムで、『若者はなぜ3年で辞めるのか?』(光文社新書)の著書で知られる経営コンサルタント、城繁幸さんは、終身雇用などの従来からの正社員への保障は、「中心的正社員」については変わっていないと主張した。確かに日本の大手企業は、「会社人間」といわれるほど会社への依存度が強く、その分、忠誠心も強い従来型の正社員を失うことを恐れ、終身雇用型の正社員を絞りこそすれ、手放そうとはしていない。

だが、そんな従来型の正社員にも変化は訪れている。周辺的正社員が「非正社員のまとめ役」の鬼軍曹とすれば、この層は、鬼軍曹のまとめ役だ。こうした人々の間にも、閉塞感は強まっているのである。

二〇〇六年、五十代の大手商社部長が、こう嘆くのを聞いた。「われわれ管理職が苦言を呈しても、経営陣は耳を貸さない。失敗すればわれわれの責任。成功すればトップの手柄。トップはネガティブな情報は受けつけず、中間管理職はトップダウンでおろされる指令の受け皿にすぎない。いつから中間管理職はこんなに弱くなったのだろう」。

ミドルの反撃

二〇〇八年一月。東京・赤坂のビルの一室に、背広姿の三十〜四十代が集まった。「昔の部課長は、もっと重みがあった」「中間管理職が会社を動かす例が少なくなった」。次々に声が上がる。この月の上旬、「提言　ミドル・ルネッサンスを目指して」という小冊子をまとめた「組織・人事開発研究会」のメンバーだ。

研究会には、企業の人事管理に詳しい岡本康雄・東京大学名誉教授を中心に、三菱化学、三井不動産など大手企業十一社の人事担当管理職が参加した。事務局を担当するのは、東京で管理職研修を手がける「ミドルマネジャー教育センター」を主宰する荒梅龍秀さん(六十三)だ。

荒梅さんは、企業の経営の効率化や働き手の生産性向上を目指す旧日本生産性本部の職員として、高度経済成長期から日本の企業を見てきた。だが、ここ数年、不二家、吉兆といった食品会社をはじめとする企業の不祥事、事故の続発に、強い不安を感じていた。「日本企業の柱は、有能で判断力のある中間管理職だった。ところが、バブル崩壊以降、こうしたミドルマネジャーが著しく軽視されている。企業の不祥事や事故の頻発は、ここに原因があるのではないか」と言う。人事に詳しい中間管理職自身が、こうした事態に警鐘を鳴らす提言を出してはどうかと、〇七年、同センターにやってくる管理職たちに呼びかけたのが、研究会の発端だった。四回開いた勉強会では、出席者たちから、中間管理職の悩みが噴き出した。共通していたのは、成果主義と中間管理職減らしによる一人当たりの仕事量の増加だった。企業には成果主義の導入が進み、管理職は部下の管理だけでなく、自分の業績向上を求められる。「プレーイングマネジャー」である。だが、普通の人間に、こうした二つの役割を割り当てれば、疲労は増し、効率は逆に落ちる。その結果、部下の話を落ち着いて聞けないという事態が起きる。「素早い情報伝達のために」と、中間管理職を絞る「フラット化」も流行した。そのために中間層が激減し、一人当たりの仕事が増えた。目先の仕事をこなすことに必死で、新しいことに挑戦する余裕がなくなった。そんな人事政策に疑問を持ちながら、バブル崩壊後の不況の中で、トップが求める人件費削減策に逆らえず、黙ってしまった、との反省も出た。

メンバーの一人、東京ガスの矢島英輝・担当課長(四十)は「自分の業績を上げつつ部下も管理するプレーイングマネジャーを求める会社が増えたが、成果主義の浸透で部下の面倒を見ることにまで手が回らない。最近の管理職は頼りない、元気がないと批判されることも多いが、その前に、会社もミドルの現状に目を向けるべきだ」と言う。NTTコミュニケーションズの黒田吉広・担当部長(五十)も「課長が元気でないと下が育たない」と言う。フラット化や新卒減らしで二十代、三十代が部下を持てない企業も多い。そのため、いきなり管理職になっても人事管理のノウハウがないため悩んでしまい、メンタルヘルスにも影響が出るという。

そんな中間管理職のいらだちを反映して、「提言」は、「ミドル層の衰退の遠因は性急な人事政策の導入にあり、責任は当時のトップ経営層にある」と切り込み、「経営者はミドルが共感できる夢やビジョンを語ってほしい」「トップはミドル復権のメッセージを打ち出せ」と、鋭い表現が盛り込まれた。「チーム力を阻害する成果主義の問題点を洗い出し変革を」「小集団の人材育成力を大切にし、フラット化を見直せ」など、不況の中で言い出しにくかった人減らし人事の改善も打ちだされた。非正社員ら多様な雇用形態の部下の管理に悩む声を受けて、労組にも「非正社員や子会社を踏み台にするのでなく、同一価値労働同一条件、社会的公正を運動の中に取り込め」と要求。管理職であることを理由に労組に加入できないミドル社員も視野に入れた相談窓口の充実を求めた。

荒梅さんらは「小冊子で世論を喚起し、正社員たちが話し合える雰囲気づくりに役立てたい」と言う。

倒れる管理職

正社員の労務管理に詳しい労働政策研究・研修機構の小倉一哉・主任研究員は、「プレーイングマネジャーと言われるのは、プロ野球ですら、古田敦也選手など数えるほど。その古田選手でさえ、必ずしも成功したとはいえなかった。そんな超人的な要求を社員に押しつけるのでなく、管理職が管理職としての仕事を落ち着いてこなせる環境をつくることが経営者の役割ではないか」と批判する。

「超人的な要求」が押しつけられる中で、倒れていく管理職も少なくない。

東京都江東区のデイサービス施設「みんなの家」。大手不動産会社「東京建物」の子会社で販売管理部長をしていた太田孝さん(五十九)が、妻の廣子さん(五十八)に見守られて昼食をとる。くも膜下出血がもとで高次脳機能障害を負った。言葉が出ず手足もうまく動かない。暴れることも多かったが、リハビリで笑顔と落ち着きが戻ってきた。

「運命の日」と廣子さんが呼ぶ〇四年十一月二日。孝さんは午前三時ごろ、自宅で仮眠から目覚めて部下に電子メールを打った。そして、倒れた。

精神的不調で長く休んでいたその部下の様子を見に、彼の自宅へ出かけたのは三日前の土曜夜だった。「夜行って電灯がつくのを見ないといるかどうかわからないから」。翌日曜は、自宅で部下たちの人事評価。月曜は夜九時に評価資料を持ち帰り、「疲れた」と仮眠したあとだった。

孝さんは、同年一月まで本社の部長として大阪に単身赴任していた。そのとき、息子と同じ年ごろの部下が精神の不調を起こしたことで、ショックを受けたという。東京に戻った孝さんは、子会社の中間管理職を希望した。「本社の経営陣に入ってしまうと足元が見えなくなる。今度は大きすぎない規模の職場で、じっくり部下の面倒を見たい」と廣子さんに話した。しかし、新しい職場では、人減らしの中で社員の負担は高まっていた。「残業が多すぎる。働かせ方がおかしい」と孝さんは繰り返した。働き過ぎの若手社員や子どものいる女性社員の心配をし、部下の様子を見に、自分が休みの日も現場に出向いた。帰宅は夜十時すぎが当たり前だった。

廣子さんは労働基準監督署に労災を申請したが、「長時間労働の証拠が不十分」と認定されなかった。持ち帰り残業や土日の自主出勤などは、パソコンに残る勤務記録からは見えてこなかった。自宅療養を始めた孝さんは、発作を起こすと廣子さんを激しくたたいた。ヘルメットをかぶって介護した。高次脳機能障害は最近注目されるようになった障害で、介護のノウハウも施設も乏しい。休業補償金でしのぎながら、病院を訪ね歩いた。

手をさしのべたのは、大学時代に二人が参加していた児童文化研究会の仲間だった。募金が集まり、〇六年、「みんなの家」ができた。会社も三十万円寄付した。お年寄りや子どもも預かり、患者が人々と交流しながらリハビリできる希望の場所だ。

廣子さんは言う。「一度履いたら踊り続けなければならない赤い靴の童話がある。夫はその靴を履かされていたようなものだった」。

強いられる「上意下達」

孝さんは、現場の思いと会社をつなごうと無理を重ねた。「蛇の目ミシン工業」の埼玉県内の支店長(五十八)も、業界が斜陽になり経営が悪化する中で、そんな悲哀を味わった。

一九七三年に入社。ミシンの販売で何度も表彰され、〇六年の売り上げも前年を八百六十万円上回った。家庭を犠牲に会社に尽くしてきたつもりだった。

ところが、定年まであと二年という〇六年十月、北海道の支店に転勤を命じられた。肩書きは「待機支店長」。三カ月で三百万円を販売しなければ、「営業社員」に降格される「再教育」

ポストだった。営業社員になれば、月十一万円程度の基本給以外は売り上げに連動する歩合給しかない。三カ月で三百万円売るという目標を達成し、さらに次の三カ月で三百六十万円売って、やっと通常の支店長の発令待ちになる。

外された支店長は、約二十人。支店長が異動したあとを他の支店長が兼務する支店もあり、「人件費減らしか」と思った。部下の事務職も大幅な歩合給になり「食べていけない」と泣きつかれた。「これでは部下がかわいそうだ。士気が下がっては、売り上げは上がらない」と何度も本社に訴えたが、聞いてもらえなかった。

ノルマ達成のため部下に自社製品の購入を求める支店長もいた。それがいやで自分で買い、ストレスや過労で入院する支店長も出た。彼自身も部下が減ったため、自ら夜中に製品の修理に出向き、残業は月百時間を超えた。

〇六年暮れに他の支店長六人と、異動の撤回などを求めユニオンに加入した。一般社員や契約社員も加わった。

取材に答えて同社は、「待機支店長に任命したのは、支店長のレベルアップのための再教育。退職に追い込む意図はない」と言った。だが、支店長は納得できない。会社は不当な支出を行ったとして株主から訴訟を起こされていた。株主への配当を気にして人件費削減で対応しようとしている、と思った。同社はこれについても否定したが、支店長は言う。

「リストラが続き、上からの指令が絶対になった。下からの意見を封じないとリストラはできない。株主を大切にする経営も主流になり、経営陣は株主の意向ばかり気にして、収益のカギであるはずの社員をかえりみなくなった。中間管理職は現場の変化を伝えるパイプ役なのに、これが機能していない。それが今の日本の会社だ」

第6章
労組の発見

厚生労働省記者クラブで,「キミたち、経営者失格!」とレッドカードを突きつける派遣社員の労組員たち(2008年12月24日　杉本康弘撮影　写真提供=朝日新聞社)

「ビロードの大量解雇」

「悪いのはボクです。体を壊したのは自分の責任ですから」。二〇〇四年、体調を崩して会社をやめた二十代の男性は、そう言った。バブル崩壊後の不況下で、「リストラ」の言葉が世の中を席巻していた。そんな中、厳しい就職戦線を勝ち抜いて就職したが、長時間労働で体を壊し退職した。正社員に戻る道はなく、フリーターで食いつないでいた。

「ノルマを達成できなかった私が悪かった」と言ったのは、二十代の女性だった。同じころ、総合職として先物取引の会社に採用され、営業のために山の中の工場にまで足を運んだ。ノルマ達成のために長時間働き、交通費が削られていたため徒歩や自転車で飛び回った挙句、足を壊して退職した。

「自己責任」の言葉が飛び交う小泉改革のもと、二〇〇〇年前後の人員整理は、「切られる側の自己責任」の空気が立ち込める中で粛々と進んだ。大幅に減らされた正社員を埋める形で、注文ひとつで「返品」できる派遣社員や、契約を更新さえしなければ簡単に人減らしができるパートや契約社員などの非正社員が働き手の三人に一人を超えた。

ここで本格的な不況が来れば、「ビロードの大量解雇」が出現するはずだった。

一九八九年のチェコスロバキア(当時)の民主化革命は、大きな流血も起こらず体制転換をなしとげたことから、なめらかなビロードの生地にたとえて「ビロード革命」と呼ばれた。そんな具合に、争議にもマスメディアの話題にもならない事実上の大量解雇が、なめらかに迅速に進む仕組みが出来上がっていたからだ。そんな状況を予想して、「非正社員の解雇を表面化させるには、私たちメディアの踏ん張りしかないかもしれない」と、同僚たちと話し合ったこともあった。

だが、その後の展開は予想を裏切った。大量解雇は「派遣切り」などの名称で社会問題となり、国会はその対策について大幅に時間を割いた。そのかげには、非正社員の声も束ね、会社との交渉やマスメディアへの情報提供のパイプとなったユニオンなどの小労組のひそやかな浸透があった。

経営者にレッドカード

大量解雇がニュースになった〇八年十二月、働き手からの解雇相談を受け、いくつもの労組が生まれた。地域や職域を基盤にして一人からでも入れる労組として結成されていた各地のユニオンや、労働問題専門の弁護士らが中心になって電話相談が実施され、駆け込んできた相談者の中から、ユニオンの支援でにわかづくりの労組を結成して会社と交渉を始める動きが相次いだからだ。

これらの労組が連携して、十二月四日に東京・日比谷公園で派遣労働者の大集会が開かれ、二十四日には、厚生労働省の記者クラブで、契約を打ち切られた大手製造業の派遣・契約社員たちがアピールを行った。

二十四日に記者クラブを訪れた派遣社員らは、大量解雇を機に結成された日産ディーゼル、大分キヤノン、日野自動車、いすゞ自動車などの労組員だった。一列に並んだ派遣社員らが一枚ずつ掲げたパネルの文字は、「キ」「ミ」「た」「ち」「、」「経」「営」「者」「失」「格」「!」。赤いカードを手にする働き手たちも並ぶ。中途解約や働き手が非正社員であることを理由にした雇用責任の回避は「経営責任違反」だとして、サッカーで違反者に退場を命じるときに出す「レッドカード」を大手企業の経営陣につきつける共同パフォーマンスだ。

いすゞ自動車で働く男性は、「組合を通じて、中途解約されそうだった期間従業員を満期まで働かせる約束をとりつけた」と語り、日産ディーゼルで働く男性も「派遣元に契約打ち切りを撤回させた。あきらめないことが大事」と訴えた。

だが、こうした労組の実際の存在感と、一般の人々の労組観には、大きな隔たりがある。「労組は何もしてくれなかった」「ユニオンと労組とは違うのか」。労働問題をめぐる勉強会では、しばしば出席者からこんな質問が寄せられる。それはなぜなのか。

「枯れた井戸から水はくめない」

二〇〇八年二月。神奈川県の中島晴香さん(五十二)宅に足を踏み入れたとたん、胸をつかれた。部屋のあちこちに、亡くなった夫、中島富雄さんの写真、写真。クッションのカバーにも、晴香さんと富雄さんの笑顔のツーショットの写真がプリントされていた。「いつも彼のそばにいたくて……。富雄ワールド、なんて言われてしまうんですよ」と晴香さんは、気恥ずかしそうに笑ってみせた。

「労働組合としての義務を十分尽くさなかったことを認め、深く謝罪すること」

晴香さんが、過労死した富雄さんの会社の労組を相手取り、〇七年に起こした民事調停の「申し立て趣旨」には、こう書かれている。

二〇〇四年八月、外食チェーン大手「すかいらーく」グループの社員だった富雄さん(当時四十八)は出勤前に突然倒れ、脳梗塞で亡くなった。

富雄さんは、店長の休みや欠員補充を埋める「支援店長」だった。倒れる前の二年間の残業は月平均百三十時間。地域の統括責任者は「年寄りは仕事が遅い分、長く働く」「時給にするといくらか知っているか」との暴言を自分や他の店長にぶつけたと、富雄さんは晴香さんに話していた。

思い余った富雄さんは、個人で入れるユニオン「全国一般東京東部労組」に加入して会社の労務管理を正す、と晴香さんに宣言した。「このままでは会社に殺される。だが、会社の労組に訴えれば、会社に筒抜けになる」。倒れたのは、その翌日だった。

すかいらーくは一九七〇年にファミリーレストランの一号店を開店した。富雄さんが入社したのはその八年後だ。アルバイトとして富雄さんと知り合った晴香さんは、正義感が強くて温かい人柄にひかれ、結婚した。店の運営はゆとりがあり、「家族で気軽に楽しんでもらえる店にしたい」という空気があふれていた、と晴香さんは振り返る。

だが、同社は拡大計画を進めた。富雄さんが亡くなった翌年の〇五年末、店舗数は四千四百八十三店とピークを迎え、国内最大規模の外食チェーンに成長した。二〇〇〇年前後の消費不況で、外食産業は低価格競争にも追われた。日本マクドナルドの「百円マック」が話題になり、すかいらーくでは、低価格メニューが売り物の店「ガスト」が好調と言われていた。各社は、低価格路線の中で、拡大にともなう経費の膨張を、人件費の抑えこみでしのごうとしていた。富雄さんの長時間労働や上司の暴言は、こんな背景の中で激化していった。

晴香さんは、夫の遺志を継ぐため、東部労組に加入した。ここの支援で富雄さんは業務による労災だったと認められ、労災保険が出ることになった。会社は謝罪して損害賠償を支払った。賠償金で、過労死をなくす活動を支援する「龍基金《りゅうききん》」を設立し、〇七年、基金はスタートした。龍が好きだった富雄さんにちなんでつけた名前だった。

だが、そんなさなか、晴香さんは、労組の情報誌ですかいらーくの労組役員の発言を読み、ショックを受けた。「本当にできる店長は、忙しい中でも休みを取れる」「十店舗に十一人つけている社員を二人にし、強い店長一人が五店舗を見る体制が労組にとっても目標」とあったからだ。

晴香さんには、過労死を招く経営を、労組が後押ししているとしか思えなかった。民事調停で、労組は「哀悼の意」を表した。だが謝罪は拒否した。〇七年暮れ、調停は不調に終わった。

労組は取材に対し文書で「毎月の労使協議会で勤務状況は確認しているが、中島さんへのパワハラは報告がなかった。相談してくれれば改善要求の手だてもあったのに残念」と述べた。

だが一方で、文書には「組合活動の目標の一つは企業が永続発展し、組合員が豊かに幸せになること」「枯れた井戸から水はくめない」とも書かれていた。すかいらーくは、原油や食料価格の高騰にともなう値上げで来店客が減り、〇六年、〇七年と二年連続で百億円を超す税引き後赤字を計上し、三期連続の経営計画未達成が濃厚となっていた。会社がつぶれては従業員も食べていけなくなる、労組としては生産性の向上のための人員削減にも協力する、井戸(会社)が枯れてしまっては水(賃金)は飲めなくなる、との趣旨だ。

晴香さんの「労組が社員の健康より企業の生産性を優先したことを反省してほしかった」との思いとは、平行線のままだった。

中島さん宅を訪問した五カ月後の〇八年七月。同社の契約社員の店長、前沢隆之さん(当時三十二)が、前年の十月に脳出血で死亡し、労働基準監督署から過労死として認定を受けていたことが東部労組の発表で明らかになった。前沢さんの労災認定も、駆け込んできた遺族を同労組が支援した成果だった。この事例は、非正社員までが「店長」として過重な長時間労働をさせられていたとして、メディアでも大きく取り上げられた。

行き過ぎた労使協力

職場の荒廃に歯止めをかけるはずの労組が、働き手の健康を害するような人員削減の旗を振る――。こうした事態は、なぜ起きるのだろうか。

労働組合論が専門の田端博邦・元東京大学教授は、七〇年代から八〇年代前半までの低成長、九〇年代以降の競争激化を乗り切ろうとする中で、労使協力が行き過ぎた、と見る。「企業内労組は企業と一体だからダメだとの意見もあるが、企業内労組でも、昔は職場に根ざした活動が活発だった。しかし、会社を守るため、社員の安全や健康を後回しにする本末転倒が起きている。労組は優先順位をつけ直すときだ」。

六〇年代の高度成長期、企業内労組は会社の成長に協力することで利益を膨らませ、その一部を割り戻すよう交渉することで、働き手の生活を向上させることを成功パターンとしてきた。会社側も、生産性の向上に協力するタイプの労組を積極的に優遇し、政治的な課題に取り組むような労組は力を失っていったことは、何人もの労働関係者が証言している。

一九七三年に出版された『自動車絶望工場』では、トヨタ自動車の工場内で期間工として働く作者の鎌田慧さんが、社内報に掲載された「自動車総連結成なる」の記事を読んだときの感想が書かれている。「このことは労働者のこれからの運動に大きな影響を与えることになるはずなのに、職場で話題になったのを聞いたことがない。毎日フウフウ言いながら働かされている労働者の現実に労働組合はなんらかかわっていないのだから、その労組の大同団結は関係ないということなのだろうか」。

だが、田端さんは、著書『グローバリゼーションと労働世界の変容――労使関係の国際比較』(旬報社)で、高度成長期に労組が「賃金所得の増大だけを求めてしゃにむに働いていたというのは皮相な見方」として、企業内労組が高度成長期に果たした前向きの役割も評価している。さらに、その例として、五〇年代半ばから七〇年代初めまで労組の活動で労働時間の短縮が進んでいたこと、多くの工場で「臨時工の本工化(非正社員の正社員化)闘争」が展開され実現されていたことを挙げる。

それが変質していった転換点として田端さんが挙げるのは、次の二つだ。一つが、七三年のオイル・ショックへの危機感から、多くの労組が「会社を守れ」と「労使協調」を強めたこと、二つ目は、九〇年代のバブル崩壊後のグローバリゼーションの波の中で、会社が増えた利益を、国際競争力強化のための内部留保や株主の配当などに回し、労組が会社に協力しても従業員の賃上げなどの条件向上には回りにくくなったことだ。

「枯れた井戸から水はくめない」と、労組が井戸を守ることに協力しても、井戸の水は働き手に回ってこない。多くの労組は、会社への協力によるパイの割り戻しという成功体験から抜け出せないまま、同じ歌を歌い続ける。「優先順位のつけ直しを」という田端さんの提案は、こうした事態への警鐘だ。

連続四日の「深夜勤」

「健康や生命にかかわる問題なのに、職場の討議はまったくなかった。民営化へ向けてがんばろうという感じで労組は会社提案を受け入れてしまった」。〇八年春、郵便事業株式会社に勤める伊藤晴男さん(五十五)と重富義明さん(五十八)は、東京の弁護士会館で開いた自分たちの裁判の経過報告会で、憤りをぶつけた。

二〇〇七年十月に民営化した同社の前身、日本郵政公社は〇三年、連続四日までなら深夜勤務ができる「深夜勤《ふかやきん》」を提案。伊藤さんらの加入する日本郵政公社労組と協定を結び、翌年、導入した。人手は増やさずに「翌日配達地域」が広げられ、伊藤さんらが働く都内の郵便物の仕分けを行う職場では深夜の処理量が急増。四日連続深夜勤が始まった。

以前の夜勤は、拘束は十四時間だが二時間半の仮眠時間があり、翌日は解放された。新しい深夜勤は、拘束は十一時間で短縮されたが、代わりに細切れでしか休めず、明けの日も夜勤がある。連続徹夜状態で頭が働かず、食欲もなくなった。ある職場の労組分会の調査では、七四%が疲れや意欲減退を訴えた。

誤配なども目立つ。殺到する郵便物に作業が追いつかず、郵便物がたまってラインが停止。大音響の警告音に追われ、疲れも重なって間違いも起きる。

二〇〇四年、二人は、過労死を招くような勤務は生存権を保障した憲法に違反するとして、公社を相手に制度差し止めを求める訴訟を東京地裁に起こした。「過労死予防訴訟」だ。しかし、夜勤続きの中で体調を崩し、「予防」はならないまま、二人とも過労によるうつ病を併発した。

「労組には導入前に当事者の意見を聞いてほしかった。今も不満の声は多いが、労組の規約が変わって末端の支部委員会は必要なときだけ開くことになり、声を上げる機会も減った」と二人は言う。

そんなシフトで体調を崩すのは、伊藤さんら五十代の社員ばかりではなかった。公社になって以来、急速に増えている非正社員の一人で、同じく郵便の仕分け作業にあたる川口雄太さん(仮名＝三十四)は、木、金、土、日と週四日働く。夜九時から朝八時まで拘束され、間に細切れの休憩が入って一日十時間働く。八時に仕事が終わり、作業衣を着替えるなどして電車で帰宅。午前十時ごろから食事をし、風呂に入り、午後一時ごろから午後五時半ごろまで眠り、夕食をとって午後八時ごろ会社へ出かける。そんな日を四日続けた後、月曜は午前十時ごろ帰宅して「明け」となる。翌日の火、水はだるくて、ただ寝ているだけ。また翌日から一日十時間の連続夜勤が始まる。

高校を卒業し、郵便局でしばらく働いたが、資格を取ろうと退職して勉強を始めた。だが、資格はなかなか取れず、以前働いていた郵便局で、〇四年から非正社員として働き始めた。四年間、この体制で夜勤を続けるうちに、体に変調を感じ始めた。「頭がいつもぼうっとして、だるい。体がベストな状態とはどういうものだったか、わからなくなってしまった」。

同僚の平井和彦さん（仮名＝三十九）も、「腰が痛く、睡眠障害が起きて睡眠薬を飲んでいる」と打ち明ける。月収は手取りで二十万円程度。それでもやめられないのは「生活費が必要だから」。「転職すればいいというが、夜勤に次ぐ夜勤で働きながら、転職のための職業訓練を受けたり転職先をさがしに行ったりする気力が出てこない」。

労組の目標に「生産性運動」

つらいのは連続夜勤だけではない。作業体制が実態に合っていないと思っても、上司が聞いてくれないことだ。

「民営化」への意気込みから、会社側は民間の効率主義に学べと、トヨタのカンバン方式を

作業に取り入れた。自動車会社は部品をパレット(鉄製のカゴ)に入れ、パレットがいくつでき
たかによって処理された部品の数を数えるという。同じ方式で、パレットで郵便物の数を計算
しようとするが、郵便物は形がまちまちなので、パレットを数えても何通あるかはつかめない。
それでも上司は、一生懸命パレットの数を数える。

また、集めてきた郵便物がたまってしまうのは人手が足りないからだが、本社からの視察者
は、郵便物を流してくるラインのベルトの構造に問題があるとして、ベルト間の隙間をつなぐ
新しいベルトを考案させた。だが、とりつけられた新しいベルト部分に足をとられて転びそう
になったりして効率が落ち、ついにはみんな使わなくなった。でも、本社の発案を撤回はでき
ない。お金をかけていくつもつくったベルトは、隅の方に積んだままになったという。

「実態を伝えるパイプがない。現場の声をまじめに聞いてしまえば、人件費を増やさざるを
えなくなるからかもしれないが」と川口さんと平井さんは言う。

民営化とともに関係二労組が統合し、民間最大の「日本郵政グループ労組」が誕生した。労
組の目標には、「生産性運動」も掲げられた。「生産性運動」とは、会社の事業の発展のために
働き手の能力の向上へ向けて労組も協力する運動で、伊藤さんらは、労働条件より生産性の向
上が優先される、と心配する。取材に対し、同労組は「深夜勤導入は正当な手続きで決められ

た。導入後も、組合員から見直せとの提案はない」と答えている。

労働時間の変更は、労組の合意があれば法的には問題がない。会社側は、「深夜勤は拘束時間を縮めて働き手の負担を軽くするために導入した。導入は、労組の了承を得て、適正に行っている。お客様の大切な郵便物の仕分けの間違いを防ぐためには綱紀の引き締めが必要で、疲れのせいなどにするのはいかがなものか」と、反論する。

「ユニオン」という形

パートや派遣社員などの非正社員が急増し、過労死も社会問題になる中で、従来型の労組は動きが鈍い。深刻な労働問題が増えているのに、労組の組織率は下がる一方だ(図6)。そんな不満の受け皿となったのが、これまでも何度かふれてきた、一人でも入れる労組、ユニオンだった。

米国では、社員の過半数の働き手を集めないと労組として認められない。だが、日本では一人からでも労組の結成が認められているため、労組をつくりやすく、少数派が声を上げやすい。その利点を活用してできたのがユニオンだ。

勤め先の会社と紛争が起きたとき、既成の労組が動いてくれない、または労組がないというとき、地域にあるユニオンに駆け込むと、この社員を核に、一人でも勤め先に支部をつくることができる。支部の結成を会社に通告すれば、企業内労組がすでにあっても、これとは別に、新しく労組として認められる。労組を作る権利（団結権）、労組を通じて会社と労使交渉する権利（団体交渉権）、ストライキなどをする権利（争議権）の「労働三権」はどの働き手にも認められているから、会社に労組がなかったり、非正社員で加入できなかったりする働き手もこの新労組を通じて会社と交渉でき、応じなければ会社側の「不当労働行為」となることもありうる。

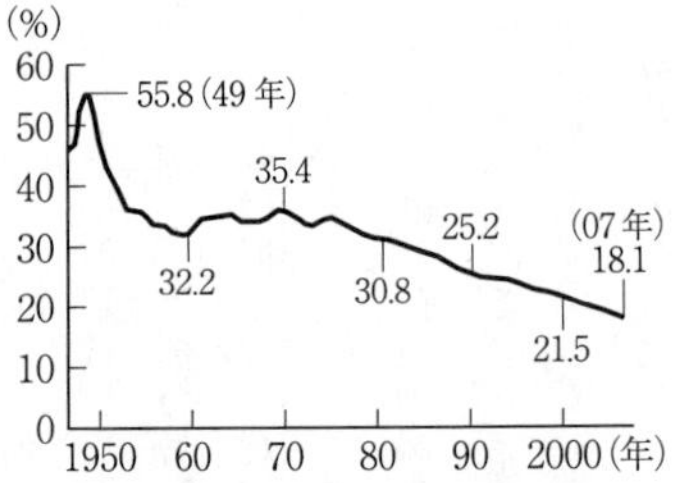

出典：厚生労働省「労働組合基礎調査」

図６　労働組合の推定組織率

先に紹介した中島晴香さんが加入した東部労組も、こうした仕組みの労組だ。一人の支部でも、ユニオンの専従の職員や、加入する他の会社の一人組合員らが一緒に交渉に参加してくれるので、会社への圧力となりうる。ユニオンは、労働相談を個別に受けて交渉に入る形をとるため、労組の組織率を一気に引き上げるような効果はないが、既成の労組に納得できない働き手の駆け込み先となった。

『コミュニティ・ユニオン宣言』（コミュニティ・ユニオン研究会編、第一書林）によると、これらユニオンの誕生は、八三年に生まれた大阪の「ユニオンひごろ」と石川の「勤労者ユニオン」、八四年に結成された東京の「江戸川ユニオン」などにまで遡る。書記長として江戸川ユニオンの結成にかかわった自治労アドバイザーの小畑精武さんは、七〇年代からの日本の産業構造の変化が背景にあったと振り返る。

戦後の労働運動は企業内労組が主流だったが、市民団体や労組などが地域単位で連携して平和運動などに取り組む地区労働組合協議会などの流れもあった。こうした地域を基盤にした労組活動を行っていた小畑さんは、七〇年代後半、活動範囲の下町でも、製造業が郊外へと出て行き、サービス産業が急速に増えつつあることに気づいた。工場を中心にした職場労組だけでは働き手の受け皿にならない。会社から会社へと転職が頻繁に行われる流通関係の男性社員や、パートという形で地域に根ざして働く不安定雇用の女性たちが、個人でも加入できる労組が必要だと思った。

そんなとき、小畑さんらのパート相談にやって来た女性が「私たちも組合に入れるといいのにね」と言った。この言葉が江戸川ユニオン発足のきっかけになった。八三年、区の労働組合協議会に結成のアピールを出し、パートや不安定労働者、自営業の働き手四十三人を組合員に、八四年にスタートした。結成の呼びかけには「困ったことはありませんか。いまの職場に不満はありませんか。ひとりで悩まないで、気軽に私たちに声をかけてみてください」とあった。江戸川区内に住む働き手ならだれでも組合員として登録できることにし、共済制度がない働き手が多いため、共済金七百円と、積み立て闘争資金二百円を含む月千五百円の組合費を払ってもらうことにした。従来の企業内労組とは異なる性格の労組であることを強調するため、カタカナで「ユニオン」を名乗ることにした。

広がるユニオン

こうした個人加盟型労組は、企業内労組からこぼれていくさまざまな働き手を拾う形で、広がっていった。

一九七九年に生まれた「北部統一労働組合」は、後に「東京ユニオン」に改称、ここを拠点にした派遣社員のネットワークから「派遣ユニオン」が生まれ、日雇い派遣の「データ装備費」天引き問題などに取り組み、〇七年ごろから活発化した労働者派遣法改正運動の中心になった。

一九九三年には、管理職であることを理由に労組に加入できない働き手のために「東京管理職ユニオン」が生まれ、その後、管理職ユニオンは各地に誕生する。

一九八七年には、男性世帯主中心の従来型労組に限界を感じた女性たちが関西で、初の女性専門労組「おんな労働組合」を発足。東京では九五年、「女たちによる、女たちの、女たちのための」労組として「女性ユニオン東京」が立ち上げられ、その後、札幌、仙台、新潟などに次々と生まれた女性ユニオンのメンバーらが〇七年一月、女性労働ＮＧＯメンバーらと、初の女性労働の全国ネットワーク「働く女性の全国センター」を始める。

この他、若者の労組である「首都圏青年ユニオン」や「フリーター全般労組」、製造業の非正社員労組である「ガテン系連帯」など、ユニオン型労組は続々と登場し、労組を持たない外国人労働者の駆け込み先にもなった。こうした会社の枠を超えた労働運動を支えようと、若者たちによる労働ＮＰＯ「ＰＯＳＳＥ」も生まれた。

ユニオンに集まる働き手は賃金が安いことが多いため、組合費も少ない。組合費が少ないため、基盤が弱い。もともと会社を核に組織されているわけではないので、自分の問題が解決するとユニオンをやめていってしまう働き手も多い。

こうしたユニオンの一部が「全国コミュニティ・ユニオン連合会」（全国ユニオン）をつくり、二〇〇三年には、非正社員の組織化の必要を感じていた「連合」に合流した。連合参加団体には、スーパーなど非正規労働者の多いサービス業の職場を組織してきた「ＵＩゼンセン同盟」

もあるが、当時の二宮誠・組織局長は〇三年、ユニオンの広がりについて、「砂をすくっているような活動は長続きせず、(そうした活動は)しない」と言った。流動性が高い働き手が個人で加入する組織では、加入しても自分の問題が解決すればやめてしまう。メンバーが確定せず、労組を維持する組合費が安定してとれないため運営も安定しないという批判だ。パートを組織するにしても、ゼンセン系は職場単位で労働時間が長い正社員的なパートを想定し、安定した運営を目指すという。

ユニオンのメンバーは「不安定でも低賃金でも必要とする働き手がいれば組織するべきだ」と反論する。また、日雇い派遣など流動性が高い働き手が増えるにつれ、不安定な働き手が居場所としてユニオンに定着する例も増え、加入してもやめていく状態に変化も出ているという。

ユニオンがさまざまな会社に労組をつくって権利を獲得する動きが活発になるにつれ、ゼンセン系の労組が、会社と対話できる労組の設立を打ち出して同じ社内に新労組をつくる例も目立ってきた。会社の業績向上に協力する姿勢が強いゼンセン系と、労働問題を社会問題としてとりあげ、会社との対決姿勢をとることも多いユニオンが対立する局面も生まれているが、ばらばらにされた働き手たちを束ねる場所としてのユニオンが広がり、こうした働き手の声がまとまり始めたことは、〇八年の大量の「派遣切り」が、目に見える社会問題として発信されていく契機になった。

ユニオンYes!

「ユニオンってどんな感じ? う〜ん、いい感じ、かな」。郵便局の非正社員労組の若者の発言に、笑いが巻き起こる。〇七年九月、東京・中野で開かれた「ユニオンYes!」のキャンペーンの発足集会で、多様な職場の二十〜三十代が「ユニオン体験」を語った。増えてきたユニオンの参加者が、一同に集まって、労組の大切さをアピールしようという試みだった。公募で選んだキャンペーンのキャッチコピーは、「希望は、ユニオン。」だ。ポスターのコンテストも、美術学校の学生らに呼びかけて開くことにした。

この前年、派遣ユニオンは、日雇い派遣のグッドウィルなどが賃金から違法に天引きしていた「データ装備費」問題を明るみに出した。きっかけは、実態をつかむため同ユニオンの関根秀一郎書記長(四十四)や、フリーター全般労組のメンバーらが、日雇い派遣に登録して働いたことだった。相談電話だけでなく、実際、現場に入ったことで、日雇い派遣は労働の過重さに比べて賃金が極端に安いこと、安全面での教育がほとんどされていないことなどを体験、違法な天引きの横行の告発も、ここから始まった。

「とにかく現場へ」の大切さは、九九年、米国で学んだ。米国の大手労組AFL－CIOは、クリントン政権下の九〇年代半ば、清掃労働などに就いていた不安定な移民労働者を組織して、組織率をいったん持ち直させたとして話題になっていた。その手法を見に行こうと、ユニオンのメンバーが誘い合って、米国労組での研修ツアーを企画した。日系ホテルのレストランに行かされて、客として食事しながら「なぜ労組に入らないのか」と従業員に聞く。従業員名簿をもとに「パーティーをやるから来ないか」と電話をかけ、一人一人の意見を聞く。流動化し不安定化した働き手が急増する中では、現場に出かけて一人一人の抱える問題を聞いて回るしか、働き手の支えになる活動はできないと思った。その思いが派遣ユニオンの活動で生きた。

米国の後を追うように雇用の不安定化が進む日本で、不安定労働者の労働運動を目指すユニオンが連携し、〇七年春には初の「ワーキングプア春闘」に取り組んで時給引き上げなども実現した。「ユニオンYes！」のキャンペーンは、こうした中で、「会社べったり」「ダサイ」「暗い」といった労組のイメージを塗り替え、新しい労組の姿を伝えようと、映像ディレクターの土屋トカチさん(三十六)らビデオジャーナリストや、ユニオンのメンバーが提案。ガテン系連帯や首都圏青年ユニオン、女性ユニオン東京なども参加した。

派遣旅行添乗員の女性(三十八)は、正社員と同じ仕事なのに年収は約二百三十万円。深夜まで働いても日当は同じ。雇用保険もなかった。高校生から「将来は添乗員になりたい」と相談されたが、食べていけない待遇に「やめた方がいい」としか言えなかった。そんな自分に嫌気がさし、後の世代のために働き方を変えようと、添乗員のためのユニオンをつくった。労使交渉の成果で、深夜手当を出す会社も出てきた。「労組には、暗いとか固いとか、偏見があった。でも、つくってよかった」。

郵便局の非正社員の男性(三十一)は、班長に休みや配置の件で不満を言うと「課長に言え」と言われ、課長に言うと「班長に」と言われた。たらい回しにされ続けたが、労組を通じて交渉すると、やっと耳を傾けてもらえたと話した。

首都圏青年ユニオンの山田真吾さん(二十四)のもとにやってきた二十代の男性美容師は正社員。朝十時から夜十一時までビラを配り続け、腰を痛めた。だが、労災とは認定されず、ユニオンに入って厚生労働省に要請行動に出かけた。厚労省の担当官に「死ななきゃ労災はおりないのか」と怒りをぶつけたことで、「おかしいことはおかしいと言ってもいいんだ」と自信を取り戻したという。

映像で労働運動

キャンペーンの目玉は、労組の活動を紹介する映像を公募し、サイトで公開する「ユニオンチューブ」だった。ネットカフェで寝泊まりする人も、パソコンならアクセスしやすいと考え、米国の動画サイト「ユーチューブ」を参考に立ち上げた。店長のサービス残業が問題になった紳士服会社のコナカや、グッドウィルで労組をつくった若者らも、自分たちの活動をビデオで撮影した作品を制作。「ユニオンチューブ」を通じて、二十本以上が流された。

キャンペーンで事務局長を務めた土屋さんも、二十代のときに映像制作会社を解雇された経験がある。いくら残業しても残業代は払われず、いきなりの解雇通告だった。ユニオンを通じた解雇撤回を求める労使交渉で解決金を獲得し、ビデオカメラを買った。これを「商売道具」に、労働運動を撮影するようになった。

土屋さんが自主制作した映画「フツーの仕事がしたい」は、セメントを輸送するトラック運転手がユニオンに加入して会社と交渉する経過を、ユニオンの依頼で、つきっきりで撮影したドキュメンタリーだ。撮影を土屋さんに依頼したのは、生コン運転手の労組に長くかかわり、ガテン系連帯の設立で製造業派遣の問題点を明るみに出した小谷野毅さん(五十三)だった。生コン運転手も製造業派遣も、大手企業の正社員には想像できないような状況で働いている。そんな現実を幅広く共有してもらうには、映像が最適と直感したからだった。

「フッーの仕事がしたい」は、土屋さんと同じ三十代後半の運転手が主人公だ。大手セメント会社の下請けの中小企業で働いていたが、賃金は運んだ量に連動する歩合制で危険な過積載を引き受けないと食べていけない。一カ月の労働時間は四百〜五百時間にも及んだ。たまりかねて小谷野さんがかかわる労組にかけこんだ運転手を、会社は「三十万円やるから組合をやめろ」と脅し、母親の葬式にまできて暴力を振るった。その一部始終を撮影していた土屋さんも殴られるが、ビデオが証拠になり警察が捜査に乗り出す。

圧巻は、大手セメント会社前の抗議行動の場面だ。夕暮れの本社前に集まったユニオンのメンバーたちが幕を張り、急ごしらえのスクリーンができる。そこに、土屋さんが撮影した下請け会社の暴力シーンが「上映」される。「労働者を殺すな」のシュプレヒコール。映像が労使交渉の武器に転化した瞬間だ。カメラは、暴力映像をつきつけられてあわてる本社の背広姿の社員たちの顔も映し出す。大手セメント会社は暴力を振るった下請けとの取引をやめ、新会社を設立。運転手たちは新会社に移籍、争議は勝利する。

「ワーキングプアは、当事者が労組を通じて声を上げたことで表面化した。報道では働き手の悲惨さばかり強調されるが、労組が解決のカギになりうることも知ってほしい」と土屋さんは言う。

反貧困との連動

ユニオンによって、非正規労働者や若者、女性の声が束ねられたことは、もうひとつの新しい流れへとつながった。福祉・貧困問題と労働問題の連携による「反貧困ネットワーク」の誕生だ。〇七年三月、発足へ向けて東京で開かれた「もうガマンできない！　広がる貧困　人間らしい生活と労働の保障を求める3・24東京集会」は、そのひとつの出発点になった。

「一食二百円以下に削って働いたが、年越しの生活費が同居の友人と二人で三千円しか残らなかった」(フリーターの三十代男性)。

三月の集会では、貧困の当事者からの痛切な報告が相次いだ。約四百二十人の聴衆が会場を埋め、障害者や路上のテントで暮らす人の姿もあった。集会の狙いは、「社会から隠された貧困」が見えるよう当事者が声を上げることだった。実行委員長は、多重債務問題などにかかわり、のちに同ネットワークの代表になった宇都宮健児弁護士だ。集会は貧困対策や、労働の規制緩和のとりやめを国に求め、この日のネットワークを広げていくとの宣言を採択した。

集会の実行委員三十五人は、福祉、労働、女性問題の分野で活動するメンバーだった。それぞれの問題に取り組むうちに、個別の活動では限界があるとわかってきたことが、ネットワークの発足につながった。

ヤミ金融問題に取り組む猪股正弁護士は「過酷な取り立てをとめるだけでは対症療法」と語った。民間支援団体の調査では、被害相談をした人の三分の一が再び借り入れに走る。低収入で不安定な仕事しかないのに生活保護が受けにくいためだ。「労働と社会保障の問題に同時に取り組まない限り、ヤミ金融に苦しむ人は跡を絶たない」。

野宿者の支援をする「自立生活サポートセンター・もやい」の事務局長、湯浅誠さんも、「家賃が払えずネットカフェで暮らすといった隠れた貧困がある。いろいろな問題が一人の人間に折り重なっている」と語った。生活保護などで当面はしのいでも、働き始めると低賃金の働き方しかない。貧困問題に取り組む人たちが行き着くのは、働いてもまともな生活ができないような低賃金労働の実態だ。その解決には労働運動の力が必要だ。企業内労組主体の労働運動の世界に、働いても小遣い程度の賃金しかもらえない非正社員たちの声を吸い上げるユニオンが登場したことによって、労働と現代の貧困がようやく出会った。

首都圏青年ユニオンの河添誠さんは、労働と貧困問題の接合を、身をもって体験してきた。同ユニオンの結成は、二〇〇〇年十二月。「構造改革」が進む中で、働き手の貧困が進み、「貧困で労使交渉もできない働き手」がやってくるようになった。今も思い出すのは、同ユニオンに電話相談してきた高校生の訴えだった。母は一人親で低収入。アルバイトで学資を稼いできたが、解雇された。「組合員になって交渉しよう」と言ったら「組合費を払うお金があったらお母さんにあげる」。労使交渉に行く交通費五百円が出せなかった。

集会の準備を通じて見えてきたもうひとつの共通課題は、「自己責任論」だ。

一人親の自助グループ「しんぐるまざあず・ふぉーらむ」の赤石千衣子さんは、「DV(ドメスティック・バイオレンス)で離婚しても、「離婚した自分が悪い」。病気で失業しても「病気になった自分が悪い」。自分を責めて声を上げられない。互いに交流して実情が見え始めると、安全ネットが機能していないことが問題とわかってくる」と言う。赤石さんらと、低賃金女性の労働問題を扱ってきた女性ユニオン東京の伊藤みどりさんらは、〇八年秋、女性固有の貧困に取り組む「女性と貧困ネットワーク」の活動にも乗り出した。

労働、福祉、女性など、別々の問題として切り離されてきた人々が「反貧困ネットワーク」でつながった。こうした場所づくりは、次の舞台づくりへと発展していった。

そして、「派遣村」へ

二〇〇九年一月一日の夕方、東京・日比谷公園は人気がなく、風が枯れ葉を吹きぬける乾いた音が聞こえるだけだった。大量に解雇された派遣社員たちの年越しを支えるための「年越し派遣村」が、前日から始まっているはずだった。それなのに、公園は物音ひとつ聞こえず、暗くなっていくばかりだった。園内を歩き回り、心細くなり始めたころ、遠くに明かりが見えた。

厚生労働省寄りの一角に、「派遣村」と大書した看板が立っている。その脇を通り抜けると、湯気をたてた大鍋などを載せたお祭りの屋台のような台が並び、男性たちが長い列をつくっていた。宿泊用テントがある。天幕を張った下に「就職相談」と書かれたブースがあったが、ここも満員だ。その間を腕章を巻いた取材記者が駆け回る。そんな人混みの中から、全国ユニオン会長の鴨桃代さんの小柄な体が、あわただしく飛び出してきた。

派遣村は、ユニオンなどの労組や反貧困ネットワーク、弁護士などが実行委員会を立ち上げて始まった。対立することも多い連合や全労連、全労協などの大手労組も、そろって賛同した。実行委員の一人である鴨さんは、「これ以上増えたらテントが足りなくなってしまう」と言う。初日の十二月三十一日に百人ほどだった失業者たちが、二日目にはさらに百人以上増えて二百五十人近くに膨らんでいるという。「民間団体のできる範囲を超えている。厚労省にかけあって、行政にそれなりの措置をとってもらわなければ。今夜の実行委員会で話し合う」と鴨さんは言い残して、また、あたふたと人混みの中へ消えていった。

その翌日の一月二日のテレビニュースを見て驚いた。厚労省が、省内の講堂を派遣村に来た人々の宿泊所として開放したことが報じられていたからだ。実行委員会が厚労省に交渉したその日に、この措置が決まったのである。寝具を持って厚労省へと移動する派遣社員らの姿が、新聞にも大きく掲載された。

閉村した一月五日には、派遣村にやってきた人々は約五百人に膨らんでいた。実行委員会が交渉した結果、都内の学校の体育館などが十二日までの期限付きで提供され、約三百人が四施設に移った。生活保護の支給も、二百七十二人に認められ、十三日には村民約百七十人が都内の旅館へ移動した。

これまで、厚労省がその施設を家のない人々に提供することなどなかった。しかも、それがわずか一日の政治判断で行われたこともなかっただろう。生活保護も、財政難などを背景に、自治体の窓口は支給を渋りがちで、これだけの大量の申請者が一気に認められることもきわめて異例だった。派遣村を出た人々の生活保護の申請に付き添ったボランティアの間で「あの区は申請者への対応がひどかったと聞いている。大丈夫だろうか」といった情報も交換された。だが、これらの申請も受理され、行政側の異例の前向きさが話題になった。

派遣村を閉じる日、「村長」を務めた反貧困ネットワーク事務局長の湯浅誠さんは「八万五千人もの非正社員が失業する見込みなのに、ここはたったの五百人の受け皿になったにすぎない」と言った。行政の長期の救済策も、まだ見えてこない。だが、ボランティア千七百人を集め、都心の、しかも厚労省の隣に、突如出現した失業者の群れは、仕事をいきなり打ち切られた働き手たちの実態を目に見える形で人々に突きつけた。

派遣村にやってきた派遣社員たちは、政治家や官僚や企業の経営陣が集まる都心から遠く離れた工場で働くことが多い。工場前で解雇に抗議するビラをまいても、都心の快適なオフィスには、その声は遠すぎて聞こえてこない。そうした姿を、見える形で凝縮して見せたのが派遣村だった。

社会問題は、そこにあるだけでは社会問題にならない。「自己責任」と自分を責めていた働き手たちが、ユニオンなどの労組を発見し、これを通じて「自分と似た人」たちと出会い、こんなにたくさんの人が同じ目にあっているなら、それは「自己責任」ではなくて「社会問題」ではないのかと考え始める。そんな人々が見えやすい場所に群れたことで、雇用劣化は国会や官庁の目にも見える社会問題へと押し上げられた。派遣村は、その象徴だった。

終 章

現実からの再出発

デンマークのコロプラスト社の工場で，社員と話す労組代表のカーステン・ベンツェンさん(左)(2009年3月　著者撮影)

「解雇の自由な国」の実状

二〇〇九年三月上旬。コペンハーゲンにあるデンマーク労働総同盟のビルの一室で、労働市場専門コンサルタントのクリスチャン・セリストさんは苦笑気味に切り出した。

「金融危機で大量失業があちこちで起きるにつれ、EU(欧州連合)の内からも外からも、デンマークに視察が相次いでいる。解雇が自由な国という評判に、自由にクビを切れたら、どんなに楽だろうと願ってやってくる人たちは多い。でも、解雇の規制を緩める代わりに、私たちが失業期間中の生活の安定や再就職の支援などに、どれだけのコストと手間をかけているか、わかっているのだろうか。それを知らずに解雇規制の緩和に飛びつくとしたら、きわめて危ない」

日本のテレビでも「解雇の自由な国」として報道され、にわかに脚光を浴び始めていたデンマークに出かけたのは、自由に解雇をしても働き手から苦情が出ない、などという都合のいい仕組みが果たしてあるのだろうか、という疑問からだった。デンマークの人たちはよほど従順なのだろうか、または、極端に打たれ強い人たちなのだろうか。だが、取材初日に訪れた労働総同盟で、いきなり私を迎えたのは、規制緩和への安易なただ乗りに対するセリストさんの警鐘だった。

翌日、同国の国際的な医療用装具メーカー「コロプラスト」の本社に出かけて、セレストさんの言う意味がわかった気がした。

同社のエリザベス・ゲッディイ広報部長によると、デンマークでは、妊娠した人以外は正当な理由があれば解雇は可能で、解雇理由さえも、働き手が請求しなければ開示しなくていいという。解雇の対象を選ぶときも、勤続年数は関係ない。評価などをもとに、その働き手を必要とする仕事があるかどうかで決める。同じ評価の者が対象者となった場合には、家族関係などから生活に困らないと思われる方を先に解雇することはあるという。だが同時に、そこには、労組代表らがこまめに社員のケアに回り、会社と連携して転職へ向けた手厚い職業訓練を提供するという安全ネットがあった。

二〇〇九年一月、コロプラストの労組代表の一人、カーステン・ベンツェンさん(四十一)は、にわかに忙しくなった。前年秋の金融危機のあおりで、同社でも約百五十人が解雇されたからだ。まず、解雇候補者一人ひとりの評価書をはさんで、会社側と、対象者の人選が公正かどうかを協議する。人選が決まると、社内の一室に候補者が呼び込まれ、解雇通告が行われるが、

「不安だからついてきて」との社員の要請があれば、労組のメンバーが付き添う。そうでないときも、通告の面談が終わるのを部屋の外で待ちかまえ、出てきた社員のショックをやわらげるために助言し、ときには心理療法士をあっせんする。

次には、会社をやめた後、どんな仕事をしたいかの相談にのり、そのための職業訓練費用を会社に求めなければならない。公共職業安定所から人手不足の仕事のリストを取り寄せ、その中からやってみたいものを選んでもらう。

多かったのはバスやトラックの運転手の希望者で、大型免許の講習チームをつくった。中には「乗馬の調教師になりたい」という独得な希望もあったが、会社と折衝して訓練費の支給にこぎつけた。今回は、五十九歳の男性が最後まで、「この年になっていまさら仕事を変われとは」と納得できないでいたが、それ以外は、気持ちを切り替えることができた。

労組との協約で、会社は解雇前の半年間は賃金を払いながら職業訓練費用を出すことが決められている。ゲッデイ広報部長は、「こじれて企業イメージが落ちたり、景気回復期にいい働き手が来てくれなくなったりすることを考えれば安いもの」と話す。統計では、一度失業してしまうと長期化しやすい傾向がある。このため、会社にいる間に次へ移れるように図ることが大切、という社会的な配慮もあるという。

同国の労組の組織率は八割を超す。会社負担の職業訓練をさせる余裕のない組織の場合、労組は職業安定所と連携して次の希望職種の相談にのり、必要な公的職業訓練をあっせんする。

アナ・クリチーヌ・ヘルムズさん(四十五)は、国立博物館で十年以上、遺跡保存の仕事をしていたが、〇八年暮れ、国の予算の削減で仕事を失った。遺跡保存という仕事内容の関係で、微生物についての専門知識があるヘルムズさんに、労組はバイオ技術関係の求人を次々と紹介。履歴書の書き方や、自分の売り込み方も指南して支援した。金融危機の影響を受けにくいといわれていたバイオ業界だが、三十社回っても仕事は決まらなかった。金融危機への不安から新規採用が一時的に手控えられ、この業界での職歴がないアナさんに不利に働いたからだ。だが、ようやく三カ月目に政府の食物局の仕事がみつかり、ヘルムズさんは〇九年四月から働き始めることになった。「本当に不安でつらかった。でも、労組の励ましが支えになった」とヘルムズさんは話す。

「ヘルムズさんのようなきわめて専門的な知識を持つ働き手の場合は、その中身を知っている労組の支えが有効。もっと低資格の若い層などは、こちらの領分」と職業安定所の責任者は言う。

体力のある大手企業は、労使が協約を結んで自社の社員の職業訓練費用を負担し、それが難しい場合は、労組や公共職業安定所が公的援助を紹介する。こうして、あらゆる人々に職業訓練の手が届くよう工夫され、それでも仕事がみつからないときは、職業訓練を受けるなどの条件を満たせば最長四年は失業給付を受けられる。こうした仕組みで、産業構造の転換に小回りのきく対応をしながら、働き手に見合った仕事をみつけさせる。このような態勢をつくりあげてこそ、「簡単な解雇」に人々が納得する。実質、最高で七割近い所得税が、そんな手厚い安全ネットを支えるが、「国民の生活の向上に返って来る安心感があるから、税負担への不満は少ない」(セリストさん)という。

経済のグローバル化は、日本だけでなく、世界のどの地域にも「雇用の柔軟化」を迫っている。賃金が高くなれば簡単に外へ出て行ってしまう多国籍企業。雇われている人々の生活には関心を持たず、投資への見返りのみを判断材料とする海外投資家。ここでは、頼みにしていた産業が短期に他の地域へ移ることが起きやすい。

変化に対応するため、日本は、働き手への支えを考えないまま、ただ不安定で低賃金のパートや派遣を増やし続けた。一方、七〇年代末から八〇年代にかけて、いちはやくグローバル化の波を受け、空洞化による失業の増大に苦しんだ欧州の中で、デンマークは、日本とは別の形の「雇用の柔軟化」を進めていた。柔軟さ(フレクシビリティ)を進めつつ、「コストと手間」をかけて、働き手の安心(セキュリティ)を保障する「フレクシキュリティ」路線だ。

派遣社員の均等待遇

「元祖フレクシキュリティ」と呼ばれるデンマークだが、正社員への雇用保障が厳しく守られているドイツやフランスでも、「柔軟で安心」な仕組みへの模索の動きが続いてきた。

ビクトル・ロサさん(四十六)は、パリで金融関係の派遣社員として約二十年働いてきたが、昨年秋の金融危機で仕事を失った。大学で政治学を専攻したが仕事がなく、金融・会計関係の派遣会社に登録、派遣先の銀行で金融商品の評価の仕事を覚えた。実績を買われて一時、正社員に採用されたが、この銀行が業績不振で希望退職を募集したときに退職。その後、五社ほどの金融機関で派遣社員として働き続けてきた。「仕事を覚えられたので派遣会社にはありがたいと思っているが、やはり安定した雇用の方がいい」。賃金の六割の失業手当が一年三カ月は出るので、その期間に、次の仕事をさがしたいという。

そんなロサさんだが、賃金は年三万四千~三万八千ユーロ(五百万円程度)。今では家を買うことができ、二十一歳になる息子も育て上げた。フランスは、仕事があるときだけ雇用関係が成立するという日本の登録型派遣に似た形が主流で、不安定な点は似ている。だが、「前任者の正社員と同じ待遇」という規定、つまり、同じ仕事なら同じ賃金という同一労働同一賃金の原則が法律に盛り込まれているため、派遣社員の賃金の低下に歯止めがかかりやすい。この規定は八〇年代、社会党ミッテラン政権の時代、労組などの強い働きかけで、派遣労働を認めることと引き換えに導入されたという。

日本の場合は、会社によって賃金が違うのは当たり前だ。同じ工場で同じようにラインに向かって作業していても、派遣社員の賃金が正社員の半分程度である場合が珍しくない。派遣先企業への営業のため派遣料金を抑えようとすれば、ここからさらに派遣会社の利益やコストを引き、派遣社員に渡る額を減らすことになる。日野自動車が、派遣と正社員の賃金格差について、「賃金は会社ごとに違うのだからしかたない」と回答しているのも、こうした「常識」を踏まえている。

だが、同一労働同一賃金や同一価値労働同一賃金が確立していれば、働き手の受け取り分を派遣元企業の都合で減らすことがしにくくなるため、利益やコストの分だけ派遣料金は高くなる。その結果、派遣元企業は、働き手の安さより高くても売れる働き手をつくるための技能向上に懸命になるし、派遣先企業は「安いから派遣」ではなく、人手が足りないから高くても雇う、といった本来の需給調整を目的とした利用となり、正社員との代替は起きにくくなる。

それでも、仕事の増減に合わせて雇われる派遣社員の不安定さは変わらない。社会のために一部の働き手に不安定さを強いているわけだから、この働き手への保障は社会的に行うのが筋だ。不安定さへの補償として、フランスでは、派遣社員の契約が終わったときに賃金の一〇%の手当が出る。また派遣社員は「前任者と同じ待遇」が前提だから、正社員の賃金が上がらないと派遣社員の賃金は上がらない。派遣先の労使交渉で賃金が上がらない限り、より高い資格を必要とする仕事へ移ることで昇給を図るしかない。同国では、企業は職業訓練基金に賃金総額の一・六%を拠出することになっているが、派遣業界は働き手の資格の向上を促すため、これより〇・六ポイント高い二・二%以上の拠出金を出すことになっており、〇九年三月の時点では二・五%を出しているという。派遣社員向けの住宅ローン基金もある。

「雇用の柔軟化」のため派遣労働という雇用形態は認めるが、同時に、その安定度を引き上げるために、均等待遇や職業訓練による資格の高い仕事への移動といった安全ネットで補う。これも「フレクシキュリティ」へ向けた試みのひとつだ。

ドイツでは、派遣社員は派遣元の正社員という形を取る。景気変動の影響を真っ先に受ける派遣業界では、仕事がなくなれば解雇となることも少なくないが、「労働時間口座」という制度を利用することで仕事がない期間をつなぐ方法が多用されている。

「労働時間口座」とは、正社員の働き方の柔軟化のために以前からある仕組みだ。契約時間を超えて働く場合、超過時間をお金で受け取らず、「口座」に貯めておき、これを「引き出し」て規定の有給休暇に加えれば、有給で長期休暇がとれる。派遣社員は、この仕組みを利用し、仕事が途絶えた時期に引き出してあてることで、仕事がない期間、会社をやめずにしのぐことが多い。

超過時間に対して賃金を払わず、休暇に回させる悪用を防ぐため、派遣業界では上限を百五十時間、ほぼ一カ月と決めている。したがって今回のような大不況で、これがどこまで機能するかは未知数だが、この他に、もうひとつ新しく登場した対策に「ワークシェアリング」がある。

ドイツでは、労働時間を削減した分、賃金カットをし、政府の操業短縮手当で補って賃金が極端に下がらないようにする「ワークシェアリング」が普及しているが、これが、〇八年十二月には、派遣社員にも適用されるようになった。それまでは、派遣社員を打ち切るなど経費削減の手を尽くした上でなければ操業短縮手当がもらえなかったが、この条件が撤廃された。同月にはケルン市で、金属産業労組のＩＧメタルと大手派遣会社アデコが労働協約を結び、初の派遣社員のワークシェアリング導入として報じられた。

ドイツの人材派遣業協会によると、こうした措置は、不況時にも派遣社員をつないでおけるため、訓練をほどこした質のいい働き手を他社にもっていかれることなく、景気の回復期にすぐに顧客の需要に応じられる利点があるという。質の高い働き手の確保が経営の向上につながるという発想法が、「雇用劣化」に歯止めをかけている形だ。

もちろん、欧州の派遣労働に問題がないわけではない。ドイツ労働総同盟（ＤＧＢ）のヨハネス・ヤーコブさんは、「ドイツでも派遣労働の賃金などの均等待遇は、法で規定されている。だが、労働協約が優先するという規定が抜け穴になっており、これがワーキングプアの温床になっている」と話す。同国の少数派労組の中に、この規定を悪用して、時給五ユーロ（七百〜八百円程度）の時給で労働協約を結んでしまうところもあり、それが、製造業などの低資格の派遣労働者の低賃金化を促しているからだ。

試行錯誤しながらも築いてきたこれら均等待遇の動きはＥＵ各国に波及し、〇八年十一月には派遣労働の均等待遇を取り決めたＥＵ指令が採択された。これまでＥＵの介入を嫌って反対していた英国も含め、加盟各国は均等待遇の立法化を迫られることになった。

安全ネットなき柔軟化

金融危機の衝撃で、欧州でも〇八年だけで失業者は百万人以上増えた。これまで順調だった派遣業界も、大きく落ち込んでいる。「柔軟で安心」という制度における「安心」のコストが金融危機後の不況の中でどれだけ維持できるかは、欧州各国にとっても不安材料だ。

安い人件費を必要とする産業がとうに国外に出てしまったデンマークでは、コロプラストだけでなく、ホルモン製剤で知られるノボ・ノルディスクや教育玩具で知られるレゴなど、賃金競争に強い高付加価値の「すきま産業」の開拓によって雇用をつくってきた。「解雇がゆるやかな社会」では、衰退した産業から吐き出される雇用を、再度吸収していく新しい産業づくりが命だが、金融危機による不況で失業が増える中、そうした知恵を保ち続けられるかどうかも問われている。

にもかかわらず欧州の「フレクシキュリティ」が注目を浴びるのは、それが「食べていかねばならない人間」の現実から逃げていないからだ。雇用の柔軟化は認める。だが同時に、柔軟化が引き起こす働き手の不安定さからも目をそらさず、そのための安全ネットを許す限り張り巡らそうとする意志の力がそこにある。影響力の強い労組が、「目をそらさせない」ために一役買っている面もあるだろう。そんな目からは、日本の現状は不可解に映る。

「欧州の派遣労働だって、いいことばかりじゃない。でも、仕事を失ったら即ホームレス、なんてことはありえない」

今回の取材で訪れたブリュッセルの欧州人材派遣事業者連盟のオフィスで、オランダ出身のアンネマリー・ムンツ会長とフランス出身のトリスタン・ダベザック・ド・モラン副会長は、しきりに首をかしげた。日本の派遣社員が失業したとたん会社の寮から追い出され、ホームレスになるという報道を見た、という二人に次々と疑問をぶつけられ、その場は逆記者会見のようになった。

「こちらでは職を失ったら失業保険が出るし、これが終わっても仕事がみつからなかったら生活保護にあたる何かでカバーされる。家がなくなったときは普通、政府が公的な住宅を提供する。日本は、会社が家を提供しているんですね」と、二人はなおもけげんな顔だ。やがて、トリスタンさんがポツリと言った。「八〇年代、日本企業の効率性、すばらしさについて、何度も聞かされてきた。あれは、いったいどうなったんでしょう」。

トリスタンさんが言う八〇年代までの日本企業の効率性は、男女分業を前提にはしていたものの、労働は働き手が安定した生活を送り、生存を確保していくために不可欠なものだという「現実」の直視に支えられていた。手近にあるものはなんでも活用して食べていける仕組みを考案しようという「意志の力」はあった。すなわち、男性を企業に抱え込み、女性はその配偶者として位置づけ、裁判でも離婚は極力認めないことで男性に「扶養」という形で女性を支えさせ、代わりに女性に家事や育児、介護を無償で担わせることで、一応の安全ネットを確保するというモデルである。

こうしたモデルは、性差別的として、働き手の支持を得にくくなっているうえ、少子高齢化とグローバル化による変動の中で、すでに日欧ともに通用しなくなっている。ブリュッセルのEU本部で取材したグザビエ・プラッツ・モネ雇用国際問題担当部長は、「正社員と非正社員の間の壁は日欧共通の課題だ。少子化で、性別や雇用形態にかかわらず、だれもが意欲的に働ける社会が必要になっている今、この壁を低くすることは不可欠」と述べる。そして、「正社員も含めて大量の失業者が生まれ、働き手の安心を改めて問い直さざるをえなくさせた今回の金融危機は、こうした新しい仕組みをつくっていくためのチャンスをくれた」とも付け加える。

だが、日本での非正社員の急増と雇用の質の極端な悪化は、こうした「人間の現実」が無視され続ける中で急速に進んだ。

一九九七年、派遣労働の原則自由化と労働者の保護の両方を盛り込んだＩＬＯ一八一号条約が採択され、欧州では派遣の均等待遇を促す役割を果たした。日本でもこの条約の批准を理由に九九年、派遣労働が原則自由化され、〇四年に製造業派遣が解禁されたが、自由化によって生まれる多数の派遣労働者の安全ネット問題は、議論の焦点にならずに素通りされた。

製造業派遣解禁の是非が話し合われた〇二年の厚生労働省労働政策審議会の議事録を見ると、労働側は「均等待遇や安全ネットなしでは危ない」と繰り返し、製造業の派遣の解禁に反対している。だが経営側は「走り出してみて問題が起きれば対策をとればいい」と、押し切った。ある公益側委員は、「製造業派遣の前からあった劣悪な請負労働を、労働者派遣法に繰り込むことで縛るというメリットはあると考えていた。そのためには製造業派遣を認め、安全ネットをしっかりつくることが必要だったが、当時は規制改革会議の、まず規制緩和ありきの結論が先にあり、安全ネットについては実現しなかった」と振り返る。

経営側が安全ネットの充実を素通りした理由として、日本経団連の川本裕康常務理事は、「失業率が急速に悪化していた〇二年当時は、多様な就業形態を増やして働く機会を増やすことこそが安全ネットだった」と語る。また、働き手を正社員と非正社員に分ける活用法を唱え、雇用流動化の原点となったといわれる九五年の「新時代の「日本的経営」」の策定にもかかわった紀陸孝・東京経営者協会専務理事は、「非正社員は女性や若者の働き方だから夫や親が安全ネットという面があったし、それ以上に、仕事がなくなれば別の非正社員の仕事に移ればいいという感じだった」と話す。

男性の完全雇用を前提とした「家族による安全ネット」論から抜け出せなかったために、一人では食べていけないような劣悪な非正社員雇用の質の改善は焦点にならなかった。つまり、日本のパートやアルバイトの労働条件の劣悪さは、終身雇用の夫や親に頼ればいい、との前提あってのものだった。しかし経営側は、夫や親の雇用そのものが不安定になるグローバル化の時代に、「安くて便利だから」と非正社員の労働条件をすえおき、グローバル化対策に活用した。さらに、税負担を嫌って、高度経済成長期以来の「雇用創出による救済」に固執したが、増えた雇用は、働いても食べていけない非正社員ばかりだった。

日本はすでに、八〇年代末から少子高齢社会に突入し始めていた。欧州では、グローバル化による世帯主男性を含めた雇用の不安定化が、とうに始まり、これに対応した安全ネットの模索が進んでいた。少子社会は、だれもが意欲的に労働参加することが必要だから、性別や正社員・非正社員にかかわりなく、納得して働ける仕組みが大切だ。グローバル化では、男性でさえも完全雇用は危うくなるから、男性の世帯主依存の仕組みを切り替える必要がある。だが、こうした変化に不可欠な均等待遇や安全ネットの張り替えは、日本では、いいとこ取りのつぎはぎ政策の中で先送りされ続けた。これが、最初の間違いとなった。

責任をとらない市場主義

均等待遇を確立できなかったことによる非正社員の賃金の値崩れで、ワーキングプア化は進んだ。非正社員の増加によって、安全ネットがゼロの非正社員同士のカップルも増えた。増えた非正社員の労務管理に追われて、ぎりぎりまで減らされた正社員は走り回り、正社員の過労死も増えていった。こうした歪みに直面した政策決定者にとって「助け舟」となったのが、「規制を緩和して市場に任せれば、おのずから人材は適正配分される」といった市場主義的な主張だった。

「市場に任せる」という土俵の中では、「適正配分」を、だれが、どのようにして実現するかの議論は決して煮つまらない。なぜなら、その主語は「市場」という主体のはっきりしないものであり、うまくいかなかった場合の責任の所在さえもはっきりしないからだ。「市場主義」はその意味で、政策の責任の放棄を許す要素を色濃く持ち、「人間は働いて食べて生きていくもの」という現実から目をそらすことを容易にした。だからこそ、政策決定者にとって魅力的だったといえるかもしれない。これが、二つ目の間違いとなった。

責めても手ごたえがない「市場」以外に責任者がいなくなった社会で、働き手は、必要なものを必要と求めることができなくなった。「市場」に何かを訴えても、空しいだけだからだ。住宅や食べ物など最低限の暮らしに必要なものを確保できない賃金でも、「賃金がもっとほしい」と求めることもできず、「過去最高益」の企業をよそに消費は低迷し、「雇用劣化不況」は続いた。

疲れ果てた働き手は、新しいことに取り組む意欲も失い、この時期に生まれた新規産業は、増えた貧困者を対象にした消費者金融業や日雇い派遣業など「貧困ビジネス」と呼ばれるものばかりだった。

二〇〇五年に人材コンサルタント会社「タワーズペリン」が行った調査では、日本人の仕事への意欲は、調査対象の十六カ国中、下から二番目となったが、転職への意欲も低いことがわかった。会社の外へ出て、よその会社へ移っても仕事に見合った賃金が保障される均等待遇もなく、デンマークのような積極的な手厚い転職支援もない。失敗すれば、「市場の厳しい判断に耐えられなかったあなたが悪い」という叱責だけしかない社会で、転職を目指すのは、簡単ではないからだ。

企業自体も変調をきたしている。ガテン系連帯の小谷野毅さんは、大手メーカーが派遣切りを始める直前まで派遣社員の大量募集をしていた事実に気づいた。「いつでも切れる働き手をみつけたことで、会社の生産見通しに緊張感がなくなった。人件費の歯止めがなくなって、会社はモラルハザードを起こしている」。

非正社員の安全ネットづくりを素通りさせた働き手の暮らしへの想像力の欠如は、さらに、正社員にも影響を及ぼそうとしている。雑誌『WEDGE』二〇〇九年二月号には、非正社員とのワークシェアリングのために、強い解雇規制など正社員の「既得権益」をゆるめるべきだとの特集が登場した。一見、EUで聞いた「正社員と非正社員との壁の低い社会」への道に似ている。だが、日本のように公的安全ネットの手薄な社会で正社員の解雇規制を今以上ゆるめれば、働き手は、ただ放り出され、長期失業者に落ち込むおそれもある。妻の多くは、「夫の存在」を前提に、低賃金・不安定状態で放置されてきた非正規雇用だ。非正社員カップルと同様に、安全ネットなしの家庭をさらに増やすことになりかねない。働き手の現実を素直に見れば、本当に必要なのは「解雇の自由」ではなく、「働き手が安心して会社の外に出られる安全ネット」だ。にもかかわらず、「解雇自由のデンマーク！」といった根拠のないはやし文句が、またしても巷を駆け巡る。

より「まし」を求めて

だが、今、日本の各地で、こうした状況をなんとか変えようという動きが起き始めている。

大手衣料チェーン「ユニクロ」の東京都内の店舗で働く阿部なおみさん(二十七)は〇七年春、「地域限定正社員」になった。

入社は二〇〇〇年。東京で暮らしてみたくて北海道から上京、池袋で店員募集の張り紙をみつけた。急拡大期で「猫の手も犬の手も借りたいほどの」人手不足。時給制のアルバイトとして朝八時から夜十一時まで働く日も少なくなかった。やがて、日給制で半年契約の準社員に昇進し、店のディスプレーを担当するようになった。仕事は面白く、安定した賃金や雇用保障があればとも思ったが、正社員になることには二の足を踏んだ。当時、正社員には全国転勤を繰り返して店長経験を積む幹部候補コースだけしかなかった。「陣頭指揮よりシブい補佐役があこがれ」だったし、住み慣れた場所を辞令一つで離れることにためらいもあった。

二〇〇七年春に始まった地域限定正社員制度は、そんな悩みを解決した。年収は準社員のころより一～三割上がった。月給制で、ボーナスや病気休暇の際の賃金保障もある。「時給や日給だと日数の少ない二月は賃金が減り、家賃などの生活費が心配だった。いまは安心」。会社の急成長も一段落し、労働時間はいま朝八時～夕方五時半だ。「モーレツじゃなくても正社員」

の道だ。職場でも気持ちに余裕ができ、店全体を見て働けるようになった。〇七年、同じく準社員から地域限定正社員になった同僚と結婚した。「二人で働けば、まずまずの賃金になる。中長期の見通しがきくので生活のプランが立てやすくなり、結婚資金もためられた。子どもも安心してつくれそう」と笑う。

ユニクロではここ数年、優秀な非正社員が、賃金が下がっても正社員になりたいといって転職する例が増え、引き留め策が必要になった。制度実施の初年度の〇七年は、当時の非正社員数の六割にあたる約二千人が地域限定正社員になった。思わぬ効果もあった。〇七年は繁忙期の十〜十二月の売り上げが三〜六％上がったが、残業代は逆に〇・二％減った。バイトは急な休みや退職も多く、以前は他の人が残業して穴埋めしていた。「正社員は安定的に出社するので計画的に人員を配置できるようになり、残業が減った」と、広報担当の青野光展さんは言う。

疑問もある。同社は賃金の実数を明らかにしていないが、準社員のころから三割アップとしても、転勤のある社員との差が大きすぎはしないか、低賃金でやめずに働く働き手を調達することに終わりはしないのか、という点だ。だが、働き手の安定が経営のプラスになり、働き手にとっても生活の質の向上につながるという働き方の模索が始まった点は重視すべきだ。働き方の向上と言うたびに、むしろ働き手の側から「そんなことをしたら会社がつぶれる」という声が上がるここ数年の異常さから、やっと企業の側から、抜け出そうという兆しが見えてきたことは大きい。企業が「安定の経済効果」に着目し始めたのだ。

樋口美雄・慶應義塾大学教授は話す。「企業は、景気に柔軟に対応するため働き手の固定化は避けたいと考える一方、正社員の減らしすぎによる現場力の低下に悩み始めた。働きぶりや特性がわかっている社内の非正社員を正社員に転換するのは、このジレンマを解決するための苦肉の策だ」。

働き手に手厚い経営が業績の向上に役立つと考える経営者も、実は少なくない。群馬ヤクルト販売の星野哲也社長は、社内託児所の設置など女性社員が働きやすい職場づくりを進めてきた。「職場の主力である女性が余裕を持って働けると、顧客への対応が親切になり、顧客が信頼して商品を買ってくれ、売り上げも上がった」。外国人株主が多い企業では、株主総会などで「株主への還元を」という圧力を感じることが増え、従業員の働きやすさにカネをかけにくくなったところもある。金融危機を機に長い目で見た経営の必要性を再評価する空気が強まってほしい」と言う。

管理職からのアプローチもある。

第5章に登場した「ミドルマネジャー教育センター」の研究会に集まる大手企業の人事担当

管理職たちは〇九年二月、「人間尊重の現場主義こそ日本企業の力～世界大不況とパラダイムシフトを勝ち抜く」と題する提言をまとめた。

提言では、会社の現場の機能について、①人の育成の場、②自己実現とやりがいの場、③コミュニケーションの場、④変化の兆候を肌身で感じる場、⑤明日を創る芽は現場にある、⑥会社を越えて多様なコラボレーションを可能にする、⑦顧客のために働く、を掲げ、大手五社の取り組みを紹介する。トヨタのカンバン方式については、「ムダを省くことで喧伝されてきたが、本来はその背後にある従業員同士の結束の強固さ、組織・集団の力、ラインの後工程の人が前工程に怒鳴り込んで議論するような風土に強さの秘密があった」として、人のつながりの再強化への取り組みを評価している。

また東京都の職員として、働き手と会社の間に立って解決を図る労働相談に長く携わってきた金子雅臣さんは、「現場を支える非正社員の発言力が弱く、重要情報が中枢に上がらないため、組織が自浄能力を失い、内部告発が続発している」としたうえで、「会社は人件費削減を美化して不満を封じ込めるのでなく、非正社員も含めた対話で粘り強く調整を重ねるべきだ」と提言している。

厳しいグローバル化の中で働き方を改善することなどできるわけがない、市場の判断には逆らえない、という思い込みはなお強い。だが、いくつもの現場の行き詰まりを取材してきた目から見て、脱出への道は意外に単純なように思える。まずは、「市場が決める」という呪縛から逃れ、現実の人間が抱えているニーズにしっかり向き合うこと、そのうえで、手持ちの何を使ってそのニーズに多少でも寄り添える改革を施すかを考えること、そのための手がかりの場として、働き手のニーズをまとめあげる労組や勉強会などの人のネットワークを身近なところで再建していくことだ。その場合、会社の枠を超えて流動化する働き手が増えている今、会社を超えた横断的なつながりの場をつくることが不可欠だ。そして、こうしたネットワークを基盤に、完璧でなくても、より「まし」な解決を求めて、丹念な話し合いを始めること。遠回りのように見えて、それこそが、私たちが長く陥ってきた雇用劣化不況を抜け出す第一歩だ。

あとがき

会社の中で起きていることをつかむのは、本当に難しい。会社は不都合な情報は出したがらない。働き手も、不満はあっても後難をおそれて口をつぐむ。そんな中でも、どうしても見過ごすことができないと、意を決して読者が寄せてくれる投書や、働き手たちの取材の中での雑談は、会社の実情をつかむための貴重な「のぞき窓」だ。

新聞者の経済部に赴任した八〇年代半ばから、そうした「のぞき窓」を通じて、会社の幹部への取材では出てこない様々な職場の問題点を報道してきた。だが、その経験に照らしても、「まさか、そんなことが?」と耳を疑うような告発が急速に増えていったのが二〇〇〇年前後だった。

顔を踏まれる、殴られるといった極端ないじめ、成果主義の名の下での不公正な評価、過労死に至るほどの長時間労働、社員の言葉に耳を貸さない上司——。一体、会社はどうなってしまったのか。そんな疑問に突き動かされて、人から人をたどり、働き手の声を聞いて回った。こうした職場の「劣化」ともいえる現象は、その後、「偽装請負」報道など製造業派遣の現場を中心に、さまざまなメディアがとりあげるようになった。

にもかかわらず、「企業がつぶれたら元も子もない」と、目をつぶろうとする人々は少なくない。また、「ゆがんでいるのはウチの会社だけ」「悪いのは自分の力不足」と落ち込んでいく人々も少なくない。

だが、本書にあるように、こうした職場の崩壊状況は、製造業にとどまらずあらゆる業種に及び、また派遣社員だけでなく、パートや契約社員、さらには正社員の間にまで幅広く進んでいる。そのパターンも、きわめて似通っており、特定の企業の、特定の人々に起こる現象ではない。そして、こうした歪みが引き起こす働き手の疲弊はいまや、日本の企業の現場そのものを揺るがし、経済の足さえ引っ張っている。そのことに気づかなければ、私たちの暮らしの好転は難しい。そんな危機感から、〇八年三月から五月にかけ朝日新聞紙上で九回にわたって「現場が壊れる」という企画記事を連載した。本書は、この連載を踏まえつつ、新たな取材を加え書き下ろしたものだ。

連載が終了した一カ月後の〇八年六月、東京・秋葉原で、派遣社員として働いていた二十五歳の男性による大量殺傷事件が起きた。男性の携帯サイトへの書き込みには、工場派遣という働き方の孤独、不安が生々しく描かれていた。そして、その三カ月後の金融危機で、同年暮れには大量の「派遣切り」が始まり、切られた派遣社員たちはホームレスとなった。

正社員の中からは「非正社員の待遇が悪いのは怠けているからだ」といった声が、今も聞こえてくる。そして、非正社員からは「正社員こそ怠けている」「正社員の解雇をしやすくして、まじめに働く非正社員が正社員の座に参入できるようにすべきだ」との声が上がる。だが、働き方の劣悪化は、だれかが怠けているからでもないし、自己責任でもない。「こうすればもっと働きやすくなる」といった働き手からの生き生きした声が人件費削減の中で抑え込まれ、職場の活力が奪われてきたことにこそ、原因はある。

こうした事態に気づかせてくれたのは、声を上げにくい中で取材に応じてくれた、たくさんの働き手たちだ。そして、働き手を支え、その声を伝えるパイプ役になってくれた労組、弁護士、NGOなどの支援者の方々だ。こうした方々がいなければ、本書は生まれなかった。これらの方々のご協力に、心から感謝したい。

新聞への連載中に、さまざまな助言をしてくれた朝日新聞社の同僚たち、連載を本にまとめるよう勧めてくださった岩波書店新書編集部の上田麻理さん、原稿を辛抱強く読んでくださった同編集部の田中宏幸さんにも、お礼を申し上げたい。

また、終章の金融危機後の欧州の状況を取材するにあたっては、労働問題研究家の柴山恵美子さん、デンマークの小島ブンゴード孝子さん、日本人材派遣業協会の佐藤勝彦顧問にも、大変お世話になった。

最後に、労働問題が人々の注目をほとんど浴びなかった時期、書き続けるべきだと励まし続けてくれた夫、故竹信悦夫さんに、本書を捧げたい。

二〇〇九年三月

竹信三恵子

竹信三恵子

1976年，朝日新聞入社．経済部記者，シンガポール特派員，学芸部次長，総合研究センター主任研究員などを経て，2007年4月から朝日新聞編集委員．

2009年，「貧困ジャーナリズム大賞」受賞．

主著に『日本株式会社の女たち』(1994年，朝日新聞社)，『女の人生選び』(1999年，はまの出版)，『ワークシェアリングの実像』(2002年，岩波書店)など．

共著として『「家事の値段」とは何か』(1999年，岩波ブックレット)など．

ルポ 雇用劣化不況　　岩波新書(新赤版)1181

2009年4月21日　第1刷発行

著　者　竹信三恵子《たけのぶみえこ》

発行者　山口昭男

発行所　株式会社 岩波書店
〒101-8002 東京都千代田区一ツ橋2-5-5
案内 03-5210-4000　販売部 03-5210-4111
http://www.iwanami.co.jp/

新書編集部 03-5210-4054
http://www.iwanamishinsho.com/

印刷・理想社　カバー・半七印刷　製本・中永製本

ISBN 978-4-00-431181-2　　Printed in Japan

岩波新書新赤版一〇〇〇点に際して

ひとつの時代が終わったと言われて久しい。だが、その先にいかなる時代を展望するのか、私たちはその輪郭すら描きえていない。二〇世紀から持ち越した課題の多くは、未だ解決の緒を見つけることのできないままであり、二一世紀が新たに招きよせた問題も少なくない。グローバル資本主義の浸透、憎悪の連鎖、暴力の応酬——世界は混沌として深い不安の只中にある。

現代社会においては変化が常態となり、速さと新しさに絶対的な価値が与えられた。消費社会の深化と情報技術の革命は、種々の境界を無くし、人々の生活やコミュニケーションの様式を根底から変容させてきた。ライフスタイルは多様化し、一面では個人の生き方をそれぞれが選びとる時代が始まっている。同時に、新たな格差が生まれ、様々な次元での亀裂や分断が深まっている。社会や歴史に対する意識が揺らぎ、普遍的な理念に対する根本的な懐疑や、現実を変えることへの無力感がひそかに根を張りつつある。そして生きることに誰もが困難を覚える時代が到来している。

しかし、日常生活のそれぞれの場で、自由と民主主義を獲得し実践することを通じて、私たち自身がそうした閉塞を乗り超え、希望の時代の幕開けを告げてゆくことは不可能ではあるまい。そのために、いま求められていること——それは、個と個の間で開かれた対話を積み重ねながら、人間らしく生きることの条件について一人ひとりが粘り強く思考することではないか。その営みの糧となるものが、教養に外ならないと私たちは考える。歴史とは何か、よく生きるとはいかなることか、世界そして人間はどこへ向かうべきなのか——こうした根源的な問いとの格闘が、文化と知の厚みを作り出し、個人と社会を支える基盤としての教養となった。まさにそのような教養への道案内こそ、岩波新書が創刊以来、追求してきたことである。

岩波新書は、日中戦争下の一九三八年一一月に赤版として創刊された。創刊の辞は、道義の精神に則らない日本の行動を憂慮し、批判的精神と良心的行動の欠如を戒めつつ、現代人の現代的教養を刊行の目的とする、と謳っている。以後、青版、黄版、新赤版と装いを改めながら、合計二五〇〇点余りを世に問うてきた。そして、いままた新赤版が一〇〇〇点を迎えたのを機に、人間の理性と良心への信頼を再確認し、それに裏打ちされた文化を培っていく決意を込めて、新しい装丁のもとに再出発したいと思う。一冊一冊から吹き出す新風が一人でも多くの読者の許に届くこと、そして希望ある時代への想像力を豊かにかき立てることを切に願う。

（二〇〇六年四月）

岩波新書より

社会

テレワーク「未来型労働」の現実　佐藤彰男
反貧困　湯浅誠
不可能性の時代　大澤真幸
地域の力　大江正章
ベースボールの夢　内田隆三
グアムと日本人 戦争を埋立てた楽園　山口誠
少子社会日本　山田昌弘
親米と反米　吉見俊哉
「悩み」の正体　香山リカ
いまどきの「常識」　香山リカ
若者の法則　香山リカ
変えてゆく勇気　上川あや
定年後　加藤仁
建築紛争　五十嵐敬喜・小川明雄
「都市再生」を問う　五十嵐敬喜・小川明雄
公共事業は止まるか　五十嵐敬喜・小川明雄 編著

公共事業をどうするか　五十嵐敬喜・小川明雄
都市計画 利権の構図を超えて　五十嵐敬喜・小川明雄
労働ダンピング　中野麻美
マンションの地震対策　藤木良明
ブランドの条件　山田登世子
戦争で死ぬ、ということ　島本慈子
ルポ 解雇　島本慈子
誰のための会社にするか　ロナルド・ドーア
ルポ 改憲潮流　斎藤貴男
安心のファシズム　斎藤貴男
社会学入門　見田宗介
現代社会の理論　見田宗介
冠婚葬祭のひみつ　斎藤美奈子
壊れる男たち　金子雅臣
少年事件に取り組む　藤原正範
まちづくりと景観　田村明
まちづくりの実践　田村明
悪役レスラーは笑う　森達也
働きすぎの時代　森岡孝二

大型店とまちづくり　矢作弘
憲法九条の戦後史　田中伸尚
靖国の戦後史　田中伸尚
日の丸・君が代の戦後史　田中伸尚
遺族と戦後　田中伸尚・田中宏・波田永実
桜が創った「日本」　佐藤俊樹
生きる意味　上田紀行
ルポ 戦争協力拒否　吉田敏浩
社会起業家　斎藤槙
日本縦断 徒歩の旅　石川文洋
判断力　奥村宏
ウォーター・ビジネス　中村靖彦
食の世界にいま何がおきているか　中村靖彦
狂牛病　中村靖彦
男女共同参画の時代　鹿嶋敬
当事者主権　中西正司・上野千鶴子
リサイクル社会への道　寄本勝美
豊かさの条件　暉峻淑子